Waltraud Maria Neumann
Christus – meine Liebe

*für Georg und Familie
von Mama
Advent 2002*

Waltraud Maria Neumann

Christus – meine Liebe

Kleine Texte aus philosophischer Arbeit

Mit Fotos von Jutta Brüdern

Haag + Herchen

Titelbild: Kleine Madonna mit Kind (Italien um 1500)

Die Deutsche Bibliothek – CIP-Einheitsaufnahme

Neumann, Waltraud Maria:
Christus – meine Liebe : Kleine Texte aus philosophischer
Arbeit / Waltraud Maria Neumann. Mit Fotos von Jutta Brüdern.
– Frankfurt am Main : Haag und Herchen, 2001
    ISBN 3-89846-108-4

ISBN 3-89846-108-4
© 2001 by HAAG + HERCHEN Verlag GmbH,
Fichardstraße 30, 60322 Frankfurt am Main
Alle Rechte vorbehalten
Produktion: Herchen KG, Frankfurt am Main
Satz: Hannelore Kniebes, Babensham
Herstellung: docupoint GmbH, Magdeburg
Printed in Germany

Verlagsnummer 3108

Inhaltsverzeichnis

Vorbemerkung 7

1. Zum Weg meines Glaubens 9
2. Auszug aus: Studien zu den Bildfeldern
   der Bronzetür von San Zeno in Verona,
   mit Fotos von Jutta Brüdern 12
3. Auszug aus: Die Stellung des Gottesbeweises in
   Augustins *De libero arbitrio* 35
4. »Falsche Wundersucht« (Kritik) 36
5. Von der Liebe zum Christkind und zu seiner Mutter ... 42
6. Veronika – eine Frau, die Jesus auf dem Kreuzweg
   begegnete 47
7. Meditationen zur Kirche St. Michael, Salzgitter 52
8. Maria, mit dem Kinde lieb, uns allen deinen
   Segen gib! 64
9. Beitrag zu Anna Katharina Emmerick 66
10. Tod und Auferstehung 69
11. Rezension: »Kreuzweg« von Gudrun Müsse Florin,
    mit Fotos von Jutta Brüdern 73
12. Zwecklose Briefe? 92
13. Vermessenheit 97
14. Auszug aus: Papsttum und Christentum aus der
    Sicht der Philosophie (mit Anhang Eucharistie):
    Die Situation des Christentums in der Moderne
    und in der Postmoderne 100
15. Heiliges Jahr 105
16. Ein vergessenes Bekenntnis 108

Hinweise zu den einzelnen Texten 114
Hinweise auf Veröffentlichungen 119

Vorbemerkung

Wenn »Philosophie« soviel wie »Liebe zur Weisheit« bedeutet, so muß sie sich – wenn sie sich an die Bedeutung des Wortes halten will – als »Liebe« auch einer »Weisheit« zuwenden. So geschah es in den drei »Klassischen Epochen« der Metaphysik: der Antiken, der Christlichen und der Neuzeitlichen Epoche.

Die hier vorgelegten kleinen Texte entstanden aus der Kenntnis des Wissens dieser drei vergangenen Epochen, aber auch aus der Kenntnis des ihnen bis in unsere unmittelbare Gegenwart nachfolgenden Denkens.

Aus der Spanne unseres Gegenwartsdenkens zu den genannten metaphysischen Epochen konzentriert sich die hier aufscheinende »Liebe« ganz und gar auf die »Weisheit« der Mittleren, nämlich Christlichen Epoche: auf die »Weisheit«, die Jesus Christus ist.

Zu diesem Thema wird von mir, so Gott will, später eine schon lange in Arbeit befindliche größere Studie erscheinen.

Zu den einzelnen Texten und Fotos sind Hinweise am Schluß dieser kleinen Sammlung gegeben. Die Texte selbst entstanden in der Mehrzahl auf den Wunsch mir befreundeter Menschen, denen ich hiermit sehr herzlich für ihre Nachfragen und Anregungen danke.

Waltraud Maria Neumann

Zum Weg meines Glaubens

Im Anfang war das Wort,
und das Wort war bei Gott,
und das Wort war Gott.
Im Anfang war es bei Gott.
Alles ist durch das Wort geworden,
und ohne das Wort wurde nichts, was geworden ist.
In ihm war das Leben,
und das Leben war das Licht der Menschen.
Und das Licht leuchtet in der Finsternis,
und die Finsternis hat es nicht erfaßt. ...

Und das Wort ist Fleisch geworden
und hat unter uns gewohnt,
und wir haben seine Herrlichkeit gesehen,
die Herrlichkeit des einzigen Sohnes vom Vater,
voll Gnade und Wahrheit.
                    (Joh. 1, 1 – 6, 14)

Als kleines Mädchen hatte ich einmal einen wunderschönen Traum: Jemand führte mich durch eine zauberhafte Landschaft einen langgestreckten Berg hinauf. Das Ziel, der Gipfel, lag trotz strahlender Helligkeit noch im Verborgenen. Der da neben mir ging und mir seine rechte Hand gegeben hatte, ging immer einen Schritt vor mir, so daß ich sehr leicht und sicher folgen konnte. Plötzlich bemerkte ich, daß ich ja sein Gesicht gar nicht sehen konnte, und ich fragte ihn: »Wer bist Du eigentlich?« Er schwieg, und ich wiederholte die Frage. Doch derjenige, der mich führte, schien wohl zu meinen, das wisse ich selbst, und so fragte ich deshalb schließlich: »Bist Du etwa Jesus?« Darauf erwachte ich ...

Als junges Mädchen war mein Glaube schon längst schwankend geworden, hatte ich doch in der Schule von vielen Religionen gehört; zudem vielerlei über die »vermutliche« Entwicklungsgeschichte des Menschen.

Als junge Frau, verheiratet und Mutter mehrerer Kinder, erkrankte ich schwer. Das war eine ausgezeichnete Gelegenheit, noch einmal über meinen Glauben nachzudenken. Ich mußte mir eingestehen: da ist nichts für mich, was tragfähig ist.

Doch der Herr kennt die Herzen, und diese meine Ehrlichkeit hat er mir wohl zum Guten angerechnet. Acht Jahre später, und leidlich wieder gesund, kam ich erstmals in einen katholischen Gottesdienst, irgendwann zu Pfingsten, in Norditalien. »Die Menschen scheinen noch zu glauben«, dachte ich bei mir, und ich beneidete sie. Als ich einige Monate danach, schon auf der Suche nach der Wahrheit, das Neue Testament aufschlug, um den Beginn des Johannes-Evangeliums zu lesen, erkannte ich augenblicklich die Wahrheit des dort Geschriebenen. Es war nicht nur sehr beglückend, wieder in die Religion gefunden zu haben, sondern zugleich wurde mir auch schmerzlich bewußt, daß diese Religion fast ohne Bedeutung für die Menschen geworden war: hatte ich doch durch verschiedenste Krankenhausaufenthalte genug Elend kennengelernt und gesehen, daß die Menschen in ihrer Not keinen Halt mehr an Gott fanden.

Als ich eineinhalb Jahre später wiederum nach Italien kam, wiederum fast zufällig in einen katholischen Gottesdienst, erkannte ich, daß nur die katholische Kirche mir geben kann, was ich brauche.

Inzwischen bin ich nun seit einer Reihe von Jahren katholisch. Meine Konversion halte ich für den besten Entschluß meines

Lebens. Manchmal habe ich an den schönen Traum aus meiner Kindheit zurückdenken müssen, und daran, daß ich damals, als ich wach wurde, sehr froh war, weil ich wußte, nun müsse ich eben allein weiter den Berg hinaufgehen – ohne jedoch wirklich allein zu sein, weil Jesus immer bei mir sein würde.

***

Auszug aus:
Studien zu den Bildfeldern der Bronzetür
von San Zeno in Verona,
mit Fotos von Jutta Brüdern

Das zweiflüglige Bronzeportal von San Zeno in Verona ist ein beeindruckendes Zeugnis mittelalterlicher Kunst. Es gibt auf den hölzernen Türflügeln 48 große, quadratische Bildfelder und eine erhebliche Anzahl kleinerer Bronzetäfelchen, Verbindungsstücke und Masken zu sehen. Die kunstgeschichtliche Beurteilung ist nach wie vor schwierig; es gibt da die abenteuerlichsten Hypothesen, auch heute noch, was die Datierung, Händescheidung, Zusammenstellung der stilunterschiedlichen und zu verschiedenen Zeiten entstandenen Gruppen von Tafeln und kleineren Bronzen betrifft, insbesondere aber auch, was den gedachten Ursprungszustand dieses großen Portals betrifft.

Nach meinen kunstgeschichtlichen Untersuchungen ist die ältere Gruppe der Bildfelder in den Jahren um oder auch einige Jahre nach 1120 entstanden. Die Veränderung durch die neueren Bildfelder dürfte, wie es die Inschrift eines Gedenksteines nahelegt, 1212 stattgefunden haben, stilistisch völlig der neueren Gruppe entsprechend. Dabei wurde meines Erachtens die Größe des ursprünglichen Portals nicht verändert. Das ergibt sich zum einen aus der Betrachtung der Bildfolgen, die mit Sicherheit in Dreiergruppen angeordnet waren, was in ganz selbstverständlicher Weise die hier nicht gezeigten drei Bilder zu Johannes dem Täufer veranschaulichen, zum anderen aus dem Baubefund, der keine Portalveränderungen im Steinverband erkennen läßt. Das Steinportal ist genau für dieses Bronzeportal erbaut.

Wenn hier zehn der alten Bildfelder abgebildet und kurz beschrieben werden, so geschieht das aus Interesse am Inhalt, nicht an der Form des Dargestellten; denn der Inhalt ist heute weitgehend ins Vergessen hinabgeglitten, zumindest aber ins Legendenhafte. Oder etwa nicht?

Wer sieht noch in dem damaligen Entwurf und in der damaligen künstlerischen Gestaltung die *Wahrheit* dargestellt?

Der Engel Gabriel tritt zu Maria und überbringt ihr die frohe Botschaft von der bevorstehenden Geburt Jesu. Die Szene wird durch Architekturteile dreiseitig gerahmt, und zwar rechts durch einen turmartigen Bau, unten durch einen Fußbodenstreifen und oben durch einen überfangenden Bogen.

(Luk. 1, 26 – 38)

Die Innigkeit der Darstellung und die dargestellte Verhaltenheit Mariens sind erstaunlich.

Verkündigung der Geburt Jesu Christi

In einem von Arkaden überfangenen Raum teilt die gedeckte Tafel Gut und Böse voneinander: im oberen Bereich hinter dem Tisch Christus mit sieben Jüngern, im unteren Bereich vor dem Tisch Judas – die Hand an der Kehle.
(Matth. 26, 20 – 30, Mark. 14, 17 – 26, Luk. 22,7 – 23 und Joh. 13, 18 – 30)

Christus verschenkt sich in der eucharistischen Geste des Brotgebens selbst noch an Judas, den Verräter. Der aber verweigert – selbstverschuldet – den liebenden Glauben, der erforderlich für seine Rettung wäre.
Die Trennungslinie zwischen oben und unten ist durch die Tischplatte als eine geradezu schneidende dargestellt.

Abendmahl

In einer Fünfergruppe sehen wir Christus in der Mitte, wie er von zwei Juden ergriffen wird; außen zwei Juden, die Festnahme gleichsam einkreisend und mit ihren hoch erhobenen Fackeln ein Dach über dem Geschehen bildend. Die Juden tragen spitze Hüte.
(Matth. 26, 47–56, Mark. 14, 43–49, Luk. 22, 4 –53 und bes. Joh. 18, 1–11)

Sie legen Hand an ihn, sie packen ihn. Eine einzigartige Darstellung: mit Christus im Zentrum. Alles Böse konzentriert sich auf ihn.

Gefangennahme Christi

Von links nach rechts sehen wir: einen Kriegsknecht, Pilatus, Christus und zwei Juden. Christus steht vor dem auf dem Richterstuhl sitzenden Pilatus. Er hat die Hände verschränkt und den Kopf abgewandt, zurück zu seinen beiden Anklägern.
(Matth. 27, 11–14, Mark. 15, 1–5, Luk. 23, 1–5 und Joh. 19, 6–16)

Es könnte auch das Verhör vor Herodes dargestellt sein.
(Luk. 23, 6–10)

Wie auf allen älteren Bildfeldern, so sind auch hier die menschlichen Verhaltensweisen ausgezeichnet beobachtet worden.

Verhör vor Pilatus

Sechs Personen haben Christus in ihre Mitte genommen und ihn an den Marterpfahl gefesselt. Zwei von ihnen geißeln ihn, zwei verspotten ihn, Hauptmann und Schwertträger, auch mit spitzen Hüten, beaufsichtigen die Auspeitschung.
(Matth. 27, 26, Mark. 15, 15 und Joh. 19, 1)

Die dargestellte Grausamkeit verschlägt einem fast den Atem.

Geißelung

Christus trägt tief gebeugt sein Kreuz. Drei Juden sind dabei: Zwei von ihnen legen Hand an ihn, sie schieben ihn im Nacken und drücken seinen Kopf herab; der dritte hat ihn wohl an einem verlorengegangenen, um den Arm geschlungenen Strick vorwärts gezerrt. Eine bogige Architektur rahmt die Szene von zwei Seiten, in der Mitte des Bodens gibt es einen stufenartigen Aufbau. Vermutlich ist dargestellt, wie Christus durch das Stadttor Jerusalems hinausgeführt wird.
(Matth. 27, 31 und Joh. 19, 16 – 17)

Christus ist in großer Entschlossenheit auf seine Aufgabe konzentriert. Die übrigen Personen sind nur Randfiguren des Geschehens, was immer sie auch tun.

Kreuztragung

Joseph von Arimathia ist damit beschäftigt, Christus vom Kreuz zu nehmen. Mit beiden Händen umfaßt er von links den Unterkörper des Gestorbenen und küßt dessen Seite. Auf der anderen Seite hält Nikodemus eine lange Zange in den Händen. Maria und Johannes stehen trauernd an den Seiten. Über dem Querholz des Kreuzes schauen Sonne und Mond, die als geflügelte Personifikationen aus ihren Himmelskörpern hervorwachsen, teilnahmsvoll dem Geschehen zu.
(Matth. 27, 57 – 60, Mark. 15, 42 – 47, Luk. 23, 50 – 55 und bes. Joh. 19, 38 – 40)

Christus ist vollplastisch geformt und zusammen mit dem Suppendaneum für sich gegossen. Die Anbringung geschah also nachträglich und sehr schön: in die Arme Josephs hineingegeben.

Kreuzabnahme

Die Hölle ist als fest umschlossenes und durch Türme gesichertes Bauwerk gebildet. In diesen Ort des Bösen tritt Christus durch das von ihm geöffnete Tor ein. Und schon hat er das erste verlorene Menschenpaar, Adam und Eva, an seine Hand genommen, um es dem Teufel zu entreißen. Der Satan selbst ist gefesselt. Er ist in den Stock gespannt, und sein Hals ist mit einem Strick an das Mauerwerk geknotet. Dennoch hält er auf dem Schoß seinen »Lieblingssünder« Judas fest. Sein linker Arm ist verlorengegangen. Außer ihm treiben noch drei weitere kleine Teufel ihr Unwesen: Einer versucht, Adam zurückzuhalten – ihm fehlen der linke Arm und der rechte Unterarm – ; der zweite, von dem nur noch Krallen- und Beinfragmente zu sehen sind, schlägt seine Pranke auf den Kopf eines dritten Menschen, der von oben her dem rettenden Ausgang zustrebt. Diesem Menschen sind beide Unterarme abgebrochen. – Der dritte Teufel stürzt sich kopfüber in einen brunnenartigen Schacht, in die unterste Hölle.

(Symbolum apostolicum)

Der eintretende und zugleich herausführende Christus trägt einen jetzt abgebrochenen Kreuzesstab. Damit ist er Herr auch noch in der Hölle.

Christus in der Hölle

Der Grund der Platte ist aus dicht verschlungenem Rankenwerk gebildet, das von unten her wie ein üppiger Baum emporwächst und so inhaltlich untermalt, was inzwischen geschehen ist: die Überwindung des Todes durch den von den Toten auferstandenen Christus. – Die heute noch zu sehende Darstellung auf der Platte ist unvollständig.
(Matth. 28, 1 – 7, Mark. 16, 1 – 7, Luk. 24, 1 – 10 und Joh. 20,1 u. 11 – 13)

Das Bildfeld war ursprünglich viel reicher ausgestattet. Darauf weisen viele Nietstellen im Rankenwerk hin. Die Herrlichkeit des Geschehens verlangte von sich aus ein Erzählen des Ereignisses über die ganze Bildfläche hin.

Die Frauen am Grabe

Der Erzengel Michael steht auf der Schulter des geflügelten Ungeheuers, mit vorgestreckten, aber nun abgebrochenen Armen, die einst die Lanze gehalten haben, mit der er den Drachen überwindet. Ein kleines Verbindungsstück am rechten Knie des Engels ist von der Befestigung der Lanze übriggeblieben und gibt die Richtung der zustechenden Waffe an.
(Dan. 10, 3 und bes. Offb. 12, 7)

In die große Aufgabe Christi, die Menschen vom ewigen Tod zu erlösen, sind auch die Engel mit einbezogen. So der Erzengel Gabriel auf der Anfangsplatte links oben in der Verkündigung des Retters und der Erzengel Michael auf der Schlußplatte rechts unten im Sieg über den Satan.

Michael und der Drache

Schlußbemerkung zur Datierung des Portals

Die Datierung der alten Bildfelder des Bronzeportals von San Zeno, Verona, in die erste Hälfte des 12. Jahrhunderts ist auch deshalb gerechtfertigt, weil einige Zeit später, etwa in der Mitte des 12. Jahrhunderts, eine sehr bedeutende Nachfolgetür entstand: ein mit vergleichbaren Bronzetafeln besetztes zweiflügliges Portal, das sich heute in Nowgorod befindet.

Ich hatte inzwischen Gelegenheit, mir dieses Portal mit eigenen Augen anzuschauen. Es ist viel, viel schöner, als jede Abbildung das zeigen kann – ebenfalls ein großartiges Werk, das aus der Kraft des westlichen Christentums erwachsen ist.

***

Auszug aus:
Die Stellung des Gottesbeweises in Augustins
De libero arbitrio

Aus dieser für mich so wichtigen Arbeit sei die »Vorbemerkung« abgedruckt:

Immer wieder haben Menschen versucht, auf die Frage nach der Herkunft des Schlechten oder gar des Bösen eine Antwort zu finden, und immer wieder ist dabei die Frage nach der Freiheit der Entscheidung des Willens berührt worden.

In ausgezeichneter Weise ist in der Philosophie Augustinus den genannten Fragen nachgegangen. Sein aus drei Büchern bestehendes Werk *De libero arbitrio* hat sie zum Thema. Zentrale Bedeutung für den Gedankengang von *De libero arbitrio* kommt dabei dem zweiten Buch mit dem »Gottesbeweis« zu.

In Anbetracht der Wichtigkeit der gestellten Fragen für unsere eigene Gegenwart nimmt sich diese Studie des von Augustinus in *De libero arbitrio* entfalteten Gedankens an, zeigt sich uns doch das Böse als Bedrohliches in der heutigen Zeit in einem Ausmaß, wie es sich den Menschen früherer Zeiten niemals zeigte.

Der I. Teil der Studie untersucht die Stellung des Augustinischen Gottesbeweises im Zusammenhang mit der Frage der freien Willensentscheidung; er stellt die Begründung für die Notwendigkeit des Beweises dar. Der II. Teil ist eine Analyse des Augustinischen Textes; er vollzieht die Schritte nach, die zum Erbringen des Beweises führen.

***

»Falsche Wundersucht« (Kritik)

»Es ist – so paradox es klingen mag – wie ein Naturgesetz: Wo der Glaube schwindet, macht sich der Aberglaube breit; wo das Vertrauen in das unsichtbare Heilshandeln Gottes erlahmt, kommt die Sucht nach sichtbaren ›Wundern‹ auf. Kreisende Sonnen, heilende Wasser, Marienerscheinungen auf Bergen, in Büschen oder in der Stallecke ziehen Hunderttausende, manchmal Millionen Menschen an. Wenn dann über kurz oder lang ›Seher‹ oder ›Seherin‹ verstummen, manchmal gar des plumpen Betrugs überführt werden, ist man gar nicht böse, sondern zieht zum nächsten ›Wunder‹.«

Nach diesem ersten Teil des Artikels »Falsche Wundersucht« folgt eine holzschnittartige Abbildung mit einer übergroßen, breit schwarzgerandeten Sonne. Die Sonne selbst wird von einem Ring anbetender Menschen eingekreist. Die Menschen sind nicht zu zählen, weil sie sich in der Ferne verlieren. Die Anbetenden verneigen sich vor der Sonne. Sie sind vor ihr auf die Knie gefallen. – Anschließend heißt es im zweiten Teil des Artikels:

»Natürlich gibt es Wunder. Aber sie sind ganz anderer Art. Luther hat gesagt: ›Alle Wunder, die einmal geschehen sind, geschehen auch noch bis auf den heutigen Tag durch den Glauben.‹ Das ist es: durch den Glauben. Wunder sind keine göttlichen Spielchen mit den Naturgesetzen, sondern Zeichen der rettenden Macht Gottes, die man im Glauben erfährt. Wichtig ist an ihnen, was auf Gott verweist und dem Heil und Wohl des Menschen dient. Im Leben beispielhafter Christen gibt es viele auffällige Ereignisse; aber sie alle erklären sich nur aus einem tiefen Glauben an die helfende Nähe Gottes, die übrigens auch jeder von uns als ›Wunder‹ in seinem Leben erfahren kann.«

Kritik an diesem vorgedruckt übernommenen, anonymen Vervielfältigungs-Artikel für Pfarrbriefe:

Einleitung

Der Begriff »Naturgesetz« ist hier unzulässig; es handelt sich vielmehr um eine hier sehr undifferenziert vorgetragene geschichtliche Erfahrung (Schwund des Glaubens – Zunahme des Aberglaubens).

Schluß

Der Verfasser spricht von der »helfenden Nähe Gottes«, die »jeder von uns« erfahren kann. Mit dieser an sich richtigen Aussage wird verschleiert, daß die Glaubensnot, der Glaubensschwund in unserer Gegenwart so groß geworden sind, daß die Aussage »jeder von uns« zumindest problematisch geworden ist. Verfänglicher aber scheint mir, daß der Verfasser durch diesen eingängigen Schluß seiner Begründung im zweiten Hauptabschnitt den Anschein einer allgemeingültigen Verbindlichkeit geben will.

1. Hauptabschnitt

Der 1. Hauptabschnitt ist unkritisch; er zeigt mangelnde Achtung vor den Entscheidungen der Kirche:

Ohne Unterscheidung von kirchlich anerkannten und noch nicht oder nicht anerkannten Wundern und Erscheinungen werden unterschwellig gerade die bedeutendsten Wallfahrtsorte (und auch die hl. Ereignisse und Stätten) in die Nähe des »plumpen Betrugs« gerückt:

- Kreisende *Sonnen*
- heilende *Wasser*
- Marienerscheinungen
  auf *Bergen*

- in *Büschen*

- in der *Stallecke*

– z. B. besonders *Fatima*
– z. B. besonders *Lourdes*

– z. B. besonders *La Salette,* auch *Guadalupe*, 16. Jh.
– z. B. Strauch: *Lourdes;* Steineiche: *Fatima;*
Tannen: *Banneux*
– *Betlehem (?)*
Der Gottessohn selbst scheute sich nicht, von Maria in einer *Stallecke* geboren zu werden – empfangen übrigens gegen das »Naturgesetz« (falls Verf. Die Jungfrauengeburt und die Kindheitsgeschichte Jesu anerkennt, was in der heutigen Theologie ja durchaus nicht gang und gäbe ist).

Die hier ins Lächerliche gezogene Aufzählung von Wundern an Sonne und Wasser, von Erscheinungen auf Bergen und in Büschen und schließlich in der Stallecke (wobei jeder sogleich an Schmutz und Gestank denkt), haben ihre Vorbilder durchaus in der Heiligen Schrift, und zwar gerade auch bei wichtigen Ereignissen, z. B. Verfinsterung der *Sonne* beim Tode Jesu; Taufe im (heilenden) *Wasser* oder – falls das Beispiel hier nicht als passend erscheinen sollte – Heilung des Gelähmten im Teich Betesda; Erscheinungen auf *Bergen*: Mose hatte Erscheinungen bei der Gesetzgebung auf dem Berg Sinai, Jesus selbst wurde zur Erscheinung auf dem Berge Tabor; für die Erscheinungen in *Büschen* sei auf die Gotteserscheinung im brennenden Dornbusch hingewiesen; die *Stallecke* war bereits genannt, insofern sie durch die Gottesmutterschaft der Jungfrau Maria und mehr noch durch die Geburt des Gottessohnes geheiligt ist.

Es ist bei diesen Ereignissen, insbesondere bei den Erscheinungen, darauf zu achten, daß diese nicht immer allen Menschen zuteil wurden: So erschien Jesus Christus nach Passion und Auferstehung *n u r* den »Seinen« (und nicht etwa den Schriftgelehrten, Pharisäern und Besserwissern). Die Seinen aber waren zumeist einfache Menschen, die offen dafür waren bzw. gemacht wurden, Gott zu akzeptieren, wie E R sich zeigen wollte.

Der 1. Hauptabschnitt zeigt aber nicht nur mangelnde Achtung vor den Entscheidungen und vor der Lehre der Kirche, sondern auch *mangelnde Achtung vor den Menschen:*

Es ist sehr leichtfertig, »Hunderttausende, manchmal Millionen Menschen«, die Gott suchen, einer »falschen Wundersucht« anzuklagen. Die plakative Abbildung tut ein übriges, um diese Menschen der Götzendienerei zu verdächtigen oder sie gar deren zu überführen. (Sie beten die Sonne wie zu Echnatons Zeiten an.) Selbst befragt, würden diese Menschen von sich sagen, es ginge um Christus und Maria und nicht primär um die Sonne.

Überleitung

»Natürlich gibt es Wunder.« Dieser Satz ist in sich widersprüchlich; denn »natürlich« gibt es eben keine »Wunder«. »Aber sie sind ganz anderer Art.« Damit verschiebt der Verfasser die Problematik nach Belieben in ein völlig anderes Feld.

2. Hauptabschnitt

Merkwürdig ist die Begründung, die auf die Behauptung »Falsche Wundersucht« gegeben wird. Merkwürdig deshalb, weil für katholische(?) Pfarrbriefhinweise eine protestantische Begründung gegeben wird: Autorität Luther.

Diese Begründung ist nicht haltbar im Hinblick auf Wunder und Erscheinungen, weil sie allein und nur allein aus dem Geist des Protestantismus gegeben wird. Unsere Gegenwart ist aber nicht die des Protestantismus. Oder doch? Wenn ja, dann allerdings die Gegenwart eines verkommenen, nicht mehr Lutherischen Protestantismus (einer Imitation von Protestantismus).

– »Wunder ... geschehen ... durch den Glauben.« Dagegen ist zu halten, daß Wunder, und auch noch der Glaube selbst, durch G o t t geschehen. Sie können höchstens im Glauben als Wunder »erkannt« werden, nicht aber »durch den Glauben« geschehen.

– Schließlich sieht sich der Verfasser noch genötigt zu belehren: »Wunder sind keine göttlichen Spielchen mit den Naturgesetzen (usw. ins Allgemeine übergehend)«.

Die ganze Lebens-, Sterbens-, Auferstehungsgeschichte Jesu ist von Wundern begleitet: DAMIT DIE MENSCHEN GLAUBEN SOLLTEN. Immer wieder hat Gott gezeigt, daß er Herr auch über die »Naturgesetze« ist, z. B. Geburt: Stern zu Betlehem; Tod: Verfinsterung der Sonne, Erdbeben; nach der Auferstehung: Erscheinungen des Auferstandenen.

Jesus selbst hat oft genug seine Macht über die »Naturgesetze« bewiesen, gerade auch ö f f e n t l i c h vor vielen Menschen: Verwandlung des Wassers in Wein, Stillung des Seesturmes,

Totenerweckungen – auch alles »göttliche Spielchen mit den Naturgesetzen«? Und wie ist es mit dem größten Wunder, das die Kirche heute noch Tag für Tag feiert, mit der Eucharistie – auch ein »göttliches Spielchen«?

*

Wer noch nicht an der Verflachung, Kahlheit, Not und Konfusion der gegenwärtigen Kirche gelitten hat, der hat von ihrem Wesen noch nicht viel erkannt. Den Ausführungen des Verfassers ist ein solches Erleiden nicht anzumerken.

Salzgitter, 11. Februar 1987

W. M. N.

***

Von der Liebe zum Christkind und zu seiner Mutter

Wir wissen, daß es in der Kirche immer wieder besonders begnadete Menschen gegeben hat. Zu ihnen gehört eine Reihe von stigmatisierten Männern und Frauen, die in außerordentlich naher Beziehung zum Heilsgeschehen stehen. Manchmal haben diese Menschen Erscheinungen Jesu, Mariens, der Engel oder auch anderer Heiliger. Ihrer Umgebung bleibt verborgen, was sie sehen, und sie selbst berichten oft nur zögernd davon. In besonderer Weise nehmen sie teil an der Freude und am Leid dessen, der ihnen Lebensmitte ist: an Jesus Christus.

Freude und Leid Jesu – da denkt man an das Kirchenjahr, das die Stationen seines Lebens in der Liturgie feiert: vor allem an den Weihnachtsfestkreis, an die Passions- und Osterzeit.

Der vielleicht erste und wohl bekannteste Stigmatisierte der Kirchengeschichte[1] war der hl. Franziskus von Assisi (1182–1226). An Weihnachten hatte er einmal in Greccio eine Krippe hergerichtet. Da sah er plötzlich, von inniger Liebe und großer Freude erfüllt, darin das neugeborene, lebendige Jesuskind liegen. Sein Biograph Thomas von Celano berichtet davon. In der Kirche, die dem hl. Franziskus in Assisi erbaut wurde, hat Giotto dieses Ereignis auf einem seiner berühmt gewordenen Fresken dargestellt. Seit jener Zeit gibt es bei den Franziskanern – und seit langem auch bei uns – die schönen Weihnachtskrippen. Das Leid Christi lernte Franziskus dann gegen Ende seines Lebens besonders schmerzhaft durch die ihm geschenkte Stigmatisierung kennen.

---

1 Johannes Maria Höcht, Träger der Wundmale Christi, Stein am Rhein 4. Aufl. 1986.

Auch andere Stigmatisierte sahen in Visionen das neugeborene Christkind. Immer wurden sie dabei von großer Freude ergriffen. So geschah es Anna Katharina Emmerick (1774–1824), Pater Pio (1887–1968), Therese Neumann (1898–1962) und Teresa Musco (1943–1976). Die Liebe zum Christkind war bei all diesen Menschen verbunden mit einer großen Liebe zur Gottesmutter. Untrennbar gehört sie ja auch zu ihrem Kind: Aus dem ewigen Ratschluß Gottes ist sie Gottesmutter durch die Geburt des Gottessohnes. Sie ist, so kann man sagen, die »Geliebteste« Gottes. Je mehr die Heiligen oder heiligmäßigen Menschen in die Liebe Gottes hineinwuchsen – genau gesagt: in die Liebe des dreifaltigen Gottes –, desto mehr liebten sie auch die Mutter, durch die uns Christus geschenkt wurde.

In den schönsten, weil schlichtesten Worten berichten uns die Evangelisten Matthäus und Lukas von der Geburt des Herrn. Wir alle kennen diese uns so vertrauten Texte.

Hier soll nun ein kurzer Auszug aus den Gesichten Anna Katharina Emmericks folgen, die Clemens Brentano um 1820 an ihrem Krankenbett aufgezeichnet hat. Die Vision gibt – wie das Neue Testament – Zeugnis von der äußeren Armut der Beteiligten und zugleich von der einzigartigen Heiligkeit des Geschehens.[2]

Anna Katharina berichtet zuerst, wie sie Joseph und Maria auf ihrem sehr beschwerlichen Weg nach Betlehem ziehen sieht. Dort wird Joseph bei seiner Bitte um Unterkunft immer wieder abgewiesen. Es heißt: »In diesem Suchen kehrt er einmal zu Maria unter dem Baume zurück und weint. Sie tröstet ihn. Er

---

[2] Anna Katharina Emmerick, Das arme Leben unseres Herrn Jesu Christi, Aschaffenburg 8. Aufl. 1983, S. 21 ff.

sucht von neuem; da er aber die nahe Entbindung seiner Frau als Hauptbeweggrund anführt, weisen sie ihn noch leichter ab.« Die Höhle, die sie dann schließlich fanden, war aus natürlichem Gestein. Sie war »an einer Seite mit rohem Mauerwerk ergänzt, von wo aus der Zugang ins Tal der Hirten offen stand.« Sie besaß noch einen zweiten Eingang und hatte eine etwas tiefer liegende Seitengrotte, in der die Krippe stand. Anna Katharina berichtet nun von der Geburt Jesu:

»Es war fünf Uhr abends, als Joseph die Heilige Jungfrau wieder in die Krippenhöhle zurückbrachte. (Er hatte den Ort zuvor gereinigt und hergerichtet.) Hier hängte er noch mehrere Lampen auf, auch versorgte er unter dem Obdach vor der Türe die freudig aus dem Felde herbeigeeilte Eselin.

Als Maria ihm sagte, es nahe die Zeit, er möge sich ins Gebet begeben, verließ er sie und ging (zu seiner Schlafstätte) zurück, um zu beten. Er sah noch einmal ... nach dem Hintergrund der Höhle zurück, wo Maria, ihm den Rücken kehrend, kniend auf Ihrem Lager betete, das Angesicht nach Morgen gewendet. Er sah die Höhle voll Licht, Maria war ganz wie von Flammen umgeben. Ich sah den Glanz um Maria immer größer werden. Die Lichter, welche Joseph angesteckt hatte, waren nicht mehr zu sehen. Sie kniete in einem weiten, weißen Gewande, das vor ihr ausgebreitet war. In der zwölften Stunde war Sie im Gebete entrückt. Ich sah sie von der Erde empor gehoben, daß man den Boden unter ihr sah. Sie hatte die Hände auf der Brust gekreuzt. Der Glanz um sie vermehrte sich. Ich sah die Decke der Höhle nicht mehr. Es war wie eine Straße von Licht über ihr bis zum Himmel empor, in der ein Licht das andere und eine Gestalt die andere durchdrang und Lichtkreise in himmlische Gestalten übergingen. Maria betete aber nieder zur Erde schauend. Da gebar sie das Jesuskind. Ich sah es wie ein leuchtendes, ganz kleines Kind, das heller war als der übrige Glanz, auf der Decke vor ihren Knien liegen. Es war mir, als sei es ganz klein und werde vor meinen Augen größer. Es war aber dieses alles eine bloße Bewegung in so großem Glanze, daß ich nicht weiß, ob ich und wie ich das sah. Selbst die tote Natur war in innerer Bewegung. Die Steine des Bodens und der Wände der Krippenhöhle waren wie lebendig.

Es mochte wohl eine Stunde nach der Geburt sein, als Maria den heiligen Joseph rief, der noch immer im Gebete lag. Als er ihr nahte, warf er sich in Andacht, Freude und Demut auf sein Angesicht, und Maria bat ihn nochmals, er solle das heilige Geschenk des Himmels ansehen. Da nahm er das Kind auf seine Arme. Die Heilige Jungfrau wickelte nun das Jesuskind in eine rote und darüber in eine weiße Hülle bis unter die Ärmchen und nach oben in ein anderes Tüchlein. Sie hatte nur vier Windeln bei sich. Sie legte es hierauf in die Krippe, welche mit Binsen und anderen feinen Pflanzen gefüllt und worüber eine Decke an den Seiten überhängend gebreitet war.«[3]

Anna Katharina berichtet dann weiter von dem Erschrecken und von der Freude der Hirten bei ihren Herden und wie sie zur Krippe eilten.

*

Auf einer Weihnachtskarte der Kapuzinermönche aus San Giovanni Rotondo, die Pater Pio mit dem »Franziskanischen Jesuskind« zeigt, ist zu lesen:

---

[3] Ebda., S. 24 f.

»Alle Feste der Kirche sind schön …
aber Weihnachten birgt eine Zärtlichkeit in sich,
eine solche kindliche Freude,
daß mein Herz tief ergriffen ist.« (P. Pio)

Lassen auch wir uns von der Freude ergreifen!

In mundo erat,
& mundus per ipsum
factus est,
& mundus eum
non cognovit.

In propria
venit,
& sui eum
non receperunt.

***

Veronika – eine Frau, die Jesus auf dem Kreuzweg begegnete

Nicht selten kommt heute das Thema »Frau« zur Sprache. Auch in diesem Artikel ist von einer Frau die Rede. Es ist eine Frau, deren Name in besonderer Weise mit der Passionszeit verbunden ist: Veronika, die uns in ihrer Liebe zu Jesus Christus Vorbild ist.

Veronika, die Jesus auf dem Weg ihr Schweißtuch reichte – wer kennt nicht diese bekannte Darstellung der 6. Station des Kreuzweges Jesu?

Bekannt ist uns die Darstellung schon, aber doch zugleich fremd. Denn – wer war Veronika? Von einer Frau, die ihr Schweißtuch reichte, wird im Evangelium nichts berichtet. Gewiß: Wir wissen, daß mit dieser Episode des Kreuzweges etwas gesagt werden soll, was uns belehren soll; wir wissen, daß diese Frau Jesus trösten wollte und daß sie mit der Darreichung ihres Tuches seinen Schmerz lindern wollte. Und wir wissen, daß Jesu Antlitz auf dem Tuch als Abdruck erschienen sein soll. Eine befremdliche Sache. Jedenfalls befremdlich für den heutigen aufgeklärten Menschen, der solche Sachen am liebsten von sich fernhält und sie – wie in diesem Fall – gern in eine Legende abschiebt, die irgendwann vor langer Zeit einmal entstanden sein mag …

Aber da ist noch eine andere Sache – und auch sie ist befremdlich: Es gibt Menschen, die geben an, etwas davon zu wissen, ohne auf alte Legenden oder auf eine nun zwar Tradition gewordene, im Grunde aber ungewisse Überlieferung zurückgreifen zu müssen. Es sind Menschen, die – so geht aus ihrem

Lebensweg hervor – Christus sehr verbunden waren und die in »Gesichten« Ereignisse aus seinem Leben gesehen haben. Dies so intensiv, daß sie sagen, sie seien eigentlich sogar »dabeigewesen«.

Und was sagen diese Menschen zu Veronika, die im Mittelalter und auch noch in der Zeit des Barocks so hoch verehrt wurde, daß sie sogar in einer der Kreuzwegstationen Aufnahme fand? Sie sagen, daß sie sie »gesehen« haben und Simon von Cyrene und die weinenden Töchter Jerusalems und manches andere mehr. Sie sagen sogar, daß sie die Verurteilung Jesu, seinen ganzen Kreuzweg, seine Annagelung ans Kreuz und sein Sterben »gesehen« haben.

Zu diesen Menschen, die in Visionen solche Ereignisse sahen, gehören Anna Katharina Emmerick (1774–1824) aus Coesfeld/Flamschen im Münsterland und Therese Neumann (1898–1962) aus Konnersreuth im Oberpfälzer Wald. Beide entstammen armen bäuerlichen Familien, wurden christlich erzogen und wußten sich schon als Kinder in inniger Liebe mit Christus und seiner Kirche verbunden. Beide hatten ein sehr hartes Leben, das von vielen Krankheiten und schwerstem Erleiden gekennzeichnet war, so daß man eigentlich sagen kann: Fast ihr ganzes Leben war ein einziges Sühneleiden. Beide berichten, daß Veronika von Liebe erfüllt und von Mitleid ergriffen war und daß sie Jesus deshalb ihr Schultertuch reichte.

Über Therese Neumanns Vision lesen wir: »Eine Frau kommt heran mit einem jungen Mädchen, das einen Krug mit Wasser trägt. (...) Dieser geht es tief zu Herzen, wie sie nun das mit Blut verklebte, entstellte Antlitz des Heilandes sieht; sie nimmt ihr Schultertuch ab und reicht es ihm. Er drückt das Tuch »mit einer Hand, mit der anderen hat er nicht auslassen können«, an sein Gesicht und gibt es ihr zurück: Der Abdruck seines Angesichts ist darauf sichtbar.« (Er hat »nicht auslassen können«, das heißt, er hat das Kreuz wenigstens mit einer Hand festhalten müssen.)[1]

Ausführlicher ist diese Vision von Anna Katharina Emmerick berichtet. Es heißt dort unter anderem von Veronika: »Sie war in schmerzlicher Erwartung dem Zuge schon einmal entgegengeeilt (um Jesus mit gewürztem Wein auf seinem Kreuzweg zu erquicken); ich sah sie verschleiert mit einem jungen Mägdlein, das sie an Kindes Statt angenommen, an der Hand neben dem Zuge schon hereilen, als Jesus seiner heiligen Mutter begegnete. Sie fand in dem Getümmel aber keine Gelegenheit, und so eilte sie dann nach ihrem Hause zu, den Herrn zu erwarten. – Sie trat verschleiert in die Straße, ein Tuch hing über ihrer Schulter. Das Mägdlein, etwa neun Jahre alt, stand neben ihr und hatte die mit Wein gefüllte Kanne unter einem Überhang verborgen, als der Zug sich näherte. Die Vorausziehenden versuchten vergebens, sie zurückzuweisen. Sie war von Liebe und Mitleid außer sich, sie drang mit dem Kinde, das ihr Gewand faßte, durch das zur Seite laufende Gesindel, durch die Soldaten und Schergen hindurch, trat Jesu in den Weg, fiel auf die Knie und hob das Tuch, an einer Seite ausgebreitet, zu ihm auf mit den flehenden Worten: ›Würdige mich, meines Herrn Antlitz zu trocknen!‹ Jesus ergriff das Tuch mit der Linken und drückte es mit der flachen Hand gegen sein blutiges Angesicht, und dann, die Linke mit dem Tuche gegen die Rechte bewegend, welche über den Kreuzarm herüberfaßte, drückte er das Tuch zwischen beiden Händen zusammen und reichte es ihr dankend zurück. Sie aber küßte es und schob es unter den

---

[1] Johannes Steiner, Visionen der Therese Neumann, München und Zürich, 3. Aufl. 1978, S. 21.

Mantel auf ihr Herz und stand auf; da hob das Mägdlein das Weingefäß schüchtern empor, aber das Schimpfen der Schergen und Soldaten verstatteten es nicht, daß sie Jesum erquickte. Nur die rasche Kühnheit ihrer Handlung hatte durch den Zudrang des Volkes um das plötzliche Ereignis eine Stockung von kaum zwei Minuten in den Zug gebracht, wodurch die Darreichung des Schweißtuches möglich ward. Die reitenden Pharisäer aber und Schergen ergrimmten über diesen Aufenthalt und noch mehr über die öffentliche Verehrung des Herrn und begannen Jesum zu schlagen und zu zerren, und Veronika floh mit dem Kinde in ihr Haus.«[2]

Über das Tuch und über die Merkwürdigkeit, Jesus mit einem Tuch entgegenzueilen, berichtet Anna Katharina folgendes: »Dieses Tuch war eine etwa dreimal so lange als breite Bahn feiner Wolle. Sie trugen es gewöhnlich um den Nacken hängend, manchmal ein zweites über der Schulter nieder; es war eine Sitte, Trauernden, Weinenden, Mühseligen, Kranken, Ermüdeten damit entgegenzutreten und ihnen das Angesicht damit zu trocknen, es war ein Zeichen der Trauer und des Mitleids. Man beschenkte sich auch in den heißen Ländern damit.«[3]

Soweit der Bericht der beiden Frauen Therese Neumann und Anna Katharina Emmerick. Sie gingen ihr ganzes Leben lang den Weg der Liebe zum Herrn und ließen sich – vergleichbar der Veronika – trotz allen Unverständnisses und aller Widerstände nicht von ihrem liebenden Tun abhalten.

Und wie war es mit den anderen Frauen, die Jesus bei seinem Leiden und Sterben begleiteten? Vor Veronika war schon Maria

---

2   Anna Katharina Emmerick, Das bittere Leiden unsers Herrn Jesu Christi, Aschaffenburg 5. Aufl. 1969, S. 257.
3   Ebda. S. 258.

während des Kreuzwegs in großer Liebe auf Jesus zugegangen, wie Anna Katharina Emmerick mit bewegenden Worten schildert.[4] Die »Töchter Jerusalems« wollten ihm gleichfalls nahe sein und ihn mit ihrem Weinen trösten. – Als Jesus dann am Kreuze hing und starb, waren außer seiner Mutter noch Maria Magdalena und andere Frauen bei ihm. Auch bei der Grablegung halfen sie mit, und am Ostermorgen gingen sie zum Grab, um ihren Herrn zu ehren. Und dies alles trotz der widrigsten Umstände.

*

Wie steht es mit uns? Läßt sich von Veronika, läßt sich von den anderen Frauen etwas lernen? Denken wir wie sie, wenn wir handeln? Sind wir bereit, trotz Widerwärtigkeiten und Hindernissen schlimmster Art zu Jesus zu halten und ihm »in Liebe« entgegenzugehen? Oder meinen wir, unser Tun sei fruchtlos, wenn sowieso kein »Erfolg« abzusehen ist?

Liegt der größte »Erfolg« gerade darin, Jesus und seiner Kirche im Leid beizustehen?

***

---

4 Ebda. S. 253 ff.

Meditationen zur Kirche St. Michael, Salzgitter

Portal zwischen Turm und Kirche

Vor allem liebt einander, denn die Liebe ist das Band, das alles zusammenhält und vollkommen macht.
(Kol. 3, 14)

Oft gehen Menschen durch dieses Portal ein und aus.
Sie gehen vielleicht durch es hinein,
um der Muttergottes rechts in der Turmkapelle
einen kurzen Besuch abzustatten
und bei ihr eine Kerze zu entzünden und zu beten.
Die Besucher können durch dieses Portal aber auch
in den Kirchenraum gehen, denn es führt
als erster Nebeneingang nach links in die Kirche.

Die drei auf der Tür dargestellten Heiligen weisen uns
auf unsere Nachbargemeinden hin:
St. Elisabeth, St. Joseph und St. Maximilian Kolbe.
Alle drei Namenspatrone sind – je in ihrer Einzigkeit –
von der Liebe Gottes geradezu eingekreist, umschlossen,
                                                    geborgen.
Doch trotz aller Individualität gehören sie zueinander,
denn ein einziger Gott ist es,
dem sie angehören:
der eine dreifaltige Gott.
Er wirkt durch jeden Heiligen,
durch jede Gemeinde auf je eigene Art und Weise.

Erkennen wir sein Wirken immer und überall,
in den verschiedensten Situationen?

Hl. Elisabeth von Thüringen

Wie ich euch geliebt habe, so sollt auch ihr einander lieben.
Daran werden alle erkennen, daß ihr meine Jünger seid:
wenn ihr einander liebt.
(Joh. 13, 34 f.)

Elisabeth beherbergte Pilger und Arme.
Sie hatte am Fuße ihres hohen Berges ein
Haus bauen lassen, in dem sie die Siechen pflegte.

Sie brachte ihnen alles, was sie brauchten,
und ermahnte sie mit göttlichen Worten zur Geduld.
Im selben Haus ließ Elisabeth auch
viele Kinder armer Frauen aufziehen.

Sie war zu ihnen so mild und liebreich,
daß diese sie »Mutter« nannten.
Trat sie in das Haus, so liefen sie ihr alle nach,
wie Kinder ihrer Mutter nachlaufen.

Sie standen um sie herum,
und sie beschenkte sie mit kleinem Spielzeug,
um ihnen Freude zu bereiten.
        (Nach der Legenda aurea des Jacobus de Voragine.)

Die Heilige Elisabeth wurde oft mißverstanden und
                                      gedemütigt.
Sie mußte vieles erleiden.
Doch in ihrem Leid schloß sie sich immer fester an Dich,

wurde eins mit Dir, o Herr.
Sie lebte gemäß Deinem Wort, das sagt,
daß wir als Deine Jünger an der Liebe erkennbar sind,
die wir zueinander haben.

Josef, der Hörende

Josef, Sohn Davids, fürchte dich nicht, Maria als deine Frau zu dir zu nehmen; denn das Kind, das sie erwartet, ist vom Heiligen Geist. Sie wird einen Sohn gebären; ihm sollst du den Namen Jesus geben, denn er wird sein Volk von seinen Sünden erlösen.
(Matth. 1, 20 f.)

Josef ist dargestellt als einer, der auf Dich, Gott, hört.
Er ist ganz Ohr.

Sein ganzes Leben ist durch dieses Hören geprägt,
und er gehorcht Dir.

> Er trennt sich nicht von Maria, weil er auf Dich hört.

> Er zieht mit ihr nach Bethlehem, in die Armut des Stalles.

> Er flieht mit ihr und dem Jesuskind in die Fremde nach Ägypten.

> Er kehrt zur gottbestimmten Zeit mit den beiden aus der Ferne zurück und zieht genau dorthin, wo Du, Gott, ihn haben willst: nach Nazareth.

> Er nimmt die Sorge für seine Familie auf sich,
> deshalb darf er Maria beschützen und Jesu Pflegevater sein.

> Er war Dir, Gott, in allem ganz nahe.

Maximilian Kolbe

Die Seelen der Gerechten sind in Gottes Hand, und keine Qual kann sie berühren. In den Augen der Toren sind sie gestorben, ihr Heimgang gilt als Unglück, ihr Scheiden von uns als Vernichtung: sie aber sind in Frieden. In den Augen der Menschen wurden sie gestraft, doch ihre Hoffnung ist voll Unsterblichkeit. (Weish. 3, 1 – 4)

Wie oft fragen wir Dich, o Herr: Warum?

    Warum oft unsere so große Mühe?

    Warum ist oft alles so vergeblich?

    Warum scheitern wir in so vielen Dingen?

    Warum das manchmal so schreckliche Leid ringsum?

    Warum das Unverständnis, die Bosheit
    und die Gewalttätigkeit in der Welt?

    Warum der Tod?

Bei Dir, o Herr, ist jede Frage beantwortet. Jede Sinnlosigkeit sinnerfüllt, jede Antwort
    – letztlich vernünftig.

Denn Du hältst die ganze Welt in Deiner Hand
und führst alles zu einem guten Ende.

Jesus am Kreuz

Als Jesus seine Mutter sah und bei ihr den Jünger, den er liebte, sagte er zu seiner Mutter: Frau, siehe dein Sohn! Dann sagte er zu dem Jünger: Siehe, deine Mutter!
(Joh. 19, 26 f.)

Jesus, wir lieben Dich.

In Deiner großen Not verschenkst Du Dich noch.
Gibst das Letzte und Kostbarste her, was Du auf Erden hattest:
Deine geliebte Mutter!
Du schenkst sie uns, den Menschen.

Da ist Johannes, Dein Jünger, ihm vertraust Du sie an.
Und es heißt, daß er sie von jener Stunde an zu sich nahm.

Beide stehen bei Dir am Kreuz.
Sie müssen den Sohn, den geliebten Freund hergeben.

Doch Du, Jesus Christus,
bist Gott und nicht nur Mensch
wie wir übrigen Menschen.
Du bleibst bei ihnen
und auch bei uns
durch Deinen Tod hindurch.

Ambo

*Wer diese meine Worte hört und danach handelt,
ist wie ein kluger Mann, der sein Haus auf Fels baute.
(Matth. 7, 24)*

Der Ambo ist der Ort der Verkündigung
des Wortes Gottes an die Menschen.
Besonders das Evangelium wird hier verkündet.

Das Wort »Evangelium« bedeutet frohe Botschaft,
und damit ist vor allem
die Freudenbotschaft von unserer Erlösung gemeint.

Auf Deine Botschaft, Herr, wollen wir hören.
Dir wollen wir vertrauen.
Bei wem sonst wäre ein fester Halt?

Petrus sagt von Dir, daß Dein Wort »in Ewigkeit« bleibt,
und auch, daß Du Worte des »ewigen Lebens« hast.
Wir Menschen von heute dürfen und sollen
wie Deine Jünger und Apostel
Deine Worte hören.
Es sind Deine Geschenke an uns:
die Worte, die uns dahin führen,
wohin Du uns haben willst:
ins ewige Leben.

Die vier Evangelisten

*Denn alles Sterbliche ist wie das Gras,
und all seine Schönheit ist wie die Blume im Gras.
Das Gras verdorrt, und die Blume verwelkt;
doch das Wort des Herrn bleibt in Ewigkeit.
Dieses Wort ist das Evangelium,
das euch verkündet worden ist.
(1. Petr. 1, 24 f.)*

Jeder Evangelist hat in der frühen Kirche ein Zeichen bekommen:

>Matthäus ist symbolisiert durch einen geflügelten
>>Menschen,
>
>Markus durch einen geflügelten Löwen,
>Lukas durch einen geflügelten Opferstier,
>Johannes durch einen Adler.

Vier Seiten des einen Herrn Jesus Christus
sollen durch die Evangelisten,
ihre Symbole und ihre Schriften ausgedrückt werden:
die menschliche, die prophetische,
die priesterliche und die göttliche Seite.

>Matthäus beginnt sein Evangelium
>mit dem menschlichen Geschlechtsregister Jesu.
>
>Markus, kraftvoll wie ein Löwe,
>beginnt mit der prophetischen Bußpredigt
>Johannes des Täufers.

Lukas beginnt mit dem Priestertum das Zacharias.

Johannes, gleichsam wie ein Adler,
sich ganz zu Gott emporschwingend,
beginnt mit der ewigen Gottheit Jesu Christi.

Alle vier Evangelisten sind,
wie am Ambo die vier Symbole ihrer Verfasser,
gesammelt im Zeichen des Kreuzes dessen, den sie verkünden.

Altarfenster: Wiederkunft Christi

*Wenn der Menschensohn in seiner Herrlichkeit kommt
und alle Engel mit ihm, dann wird er sich
auf den Thron seiner Herrlichkeit setzen.
Und alle Völker werden vor ihm zusammengerufen werden,
und er wird sie voneinander scheiden, wie der Hirt
die Schafe von den Böcken scheidet.
(Matth. 25, 31)*

Wie wird es sein, wenn Du wiederkommst in Herrlichkeit?

Eine Vorstellung davon versucht der Künstler in den bunten Glasfenstern zu geben. Selige streben von allen Seiten zu Dir, Jesus, empor. Heilige Engel helfen ihnen, zu Dir zu gelangen: unter ihnen insbesondere der Pfarrpatron, der heilige Michael, der Feind des Bösen.

> Nach Dir verlange ich,
> Gerechtigkeit und Unschuld,
> schön und verherrlicht
> in reinem Ehrenglanze
> und in unbegrenzbarer Fülle.
> Bei Dir ist wahrhaft Ruhe
> und unzerstörbares Leben.
> *(Augustinus, Bekenntnisse II, X)*

Es ist gut, Dich vor Augen zu haben als den, der wiederkommt in Herrlichkeit, als den, der uns liebend annehmen will. Gib, daß wir nicht zu erdgebunden sind und unseren Blick zu Dir in die Höhe erheben, daß wir sehen: Nicht das Kreuz ist das Letzte, sondern Deine Herrlichkeit.

Schutzmantelmadonna

Von Herzen will ich mich freuen über den Herrn.
Meine Seele soll jubeln über meinen Gott.
Denn er kleidet mich in Gewänder des Heils,
er hüllt mich in den Mantel der Gerechtigkeit.
(Jes. 61, 10)

Die kleinen Menschen des geschnitzten Werkes
schauen auf zu Maria,
der großen Frau.
Sie wissen sich unter ihrem Mantel geborgen.
Alle.

Und wir? Haben wir noch einen Platz unter ihrem Mantel?
Ja, denn es ist kein stofflicher Mantel.
Es ist ein Mantel der Gerechtigkeit und der Liebe.
Es ist ein Mantel von göttlichen Eigenschaften.

Der Mantel ist Schmuck für Maria.
Und er ist Zuflucht für diejenigen,
die sich ihr anvertrauen –
weil sie »Gottesmutter« ist.

> *Maria, breit den Mantel aus,*
> *mach Schirm und Schild für uns daraus;*
> *laß uns darunter sicher stehn,*
> *bis alle Stürm vorübergehn.*
> *Patronin voller Güte,*
> *uns allezeit behüte.*
> *(Gotteslob 595,1)*

Taufe Jesu

Zusammen mit dem ganzen Volk ließ auch Jesus sich taufen.
Und während er betete, öffnete sich der Himmel,
und der heilige Geist kam sichtbar in Gestalt einer Taube
auf ihn herab, und eine Stimme aus dem Himmel sprach:
Du bist mein geliebter Sohn, an dir habe ich Gefallen gefunden.
(Luk. 3, 21 f.)

Jesus, du willst uns ein Beispiel geben.
In Demut gehst Du uns in allem voran,
um uns zu belehren.
Deshalb ließest Du Dich von Johannes taufen,
der doch,
wie er selbst sagte,
nicht einmal wert war,
Dir die Schuhriemen zu lösen.

Mit Deiner Taufe
begann Dein öffentliches Wirken.
Nur wenige Jahre
hat es auf Erden gedauert.
Doch das Antlitz der Erde
ist dadurch verwandelt worden.

Hilf uns, daß wir dessen gedenken.
Hilf uns, daß wir das Heil,
das Du uns schenken willst, annehmen.

***

Maria, mit dem Kinde lieb, uns allen deinen Segen gib!

Dieser kurze Segensspruch ist vielen Menschen fremd geworden, so wie auch die ganze Marienverehrung weitgehend den Charakter des Vergangenen, Abgelebten angenommen hat. Warum? Da kann man viele Überlegungen anstellen, die durch die zurückliegenden Jahrzehnte und Jahrhunderte bis in die Zeit der frühen Kirche reichen mögen.

Weshalb gab es immer wieder Zeiten des Marien-Kultes? Wie konnte es überhaupt geschehen, daß aus den wenigen Angaben, die wir über Maria in den neutestamentlichen Schriften finden, ein solcher Kult entstand? Warum schließlich eine solche Verehrung, daß man sogar von ihr den Segen erbittet: *Maria mit dem Kinde lieb, uns allen deinen Segen gib!*? Weshalb wendet man sich da nicht lieber ausschließlich an Jesus Christus, der doch von sich selbst gesagt hat, er sei der Weg, die Wahrheit und das Leben? (Joh. 14, 6)

Eben gerade dieses Jesu Christi wegen kann man sich auch an Maria wenden. Seiner Einzigartigkeit wegen ist es »erlaubt« oder – so verstanden und verstehen es jedenfalls viele Christen – sogar »erforderlich«, sich an Maria zu wenden. Wie einzigartig ist dieser Jesus Christus für uns? So einzigartig, daß er an der zitierten Stelle weiter sagt, daß niemand zum Vater komme außer durch ihn.

Wenn wir schon unsere eigenen Eltern ehren sollen, die uns das Leben geschenkt haben, weshalb sollten wir dann nicht auch und sogar noch viel mehr die Eltern Jesu Christi ehren? Ist Jesus Christus doch ungleich bedeutender für uns, als wir selbst es je aus unseren eigenen Kräften für uns sein können, weil er für uns die Rettung und Erlösung und das Leben schlechthin sein will. Weshalb sollten wir also nicht seine Mutter ehren: Maria, die ihn durch den Heiligen Geist empfangen hat, und seinen Vater: Gott-Vater im Himmel, und auch noch seinen Pflegevater: den heiligen Josef?

Keiner von uns Menschen stand und steht der Heiligsten Dreifaltigkeit so nahe wie Maria, die Mutter Jesu Christi. Die Stellung dieser Frau ist, von Gott her bestimmt, eine einzigartige, weil Jesus Christus als Gott-Mensch einzigartig ist. Das haben die Gläubigen immer wieder begriffen, und sie haben versucht, Maria auf die vielfältigste Weise ihre Verehrung zu zeigen und sie um ihre Fürsprache zu bitten.

Viele Kirchen sind ihrem Schutz unterstellt, und zwar durch alle Jahrhunderte hindurch. Besonders eindrucksvoll hat uns das nicht nur das frühe Christentum etwa mit »*Santa Maria Maggiore*« in Rom vor Augen gestellt, sondern – zeitlich wesentlich näher – auch das Mittelalter. So sind z. B. die vier größten und bedeutendsten Kathedralen Frankreichs allesamt »Unserer Dame« anvertraut: die »*Notre-Dame*« in Paris, die »*Notre-Dame*« in Chartres, die »*Notre-Dame*« in Amiens und die »*Notre-Dame*« in Reims. Und es gibt weltweit viele strahlend schöne Barockbasiliken, die unter ihren Schutz gestellt sind.

Wir schließen uns unseren Vorfahren an und erbitten den Segen Mariens weiterhin, den sie uns mit ihrem Kinde schenken möge:

»Maria, mit dem Kinde lieb,
uns allen deinen Segen gib! Amen.«

***

Beitrag zu Anna Katharina Emmerick

Nach einem Kongreß wurde um Zuschriften und Zeugnisse über Anna Katharina Emmerick gebeten. Meine Antwort darauf:

Anbei finden Sie alles, was ich zu Anna Katharina Emmerick beitragen kann ... Für mich sind, nebenbei bemerkt, gerade auch die durch Brentano aufgezeichneten Schriften Gottesgeschenk, und die Stigmata Anna Katharina Emmericks halte ich für eine dieser Frau durch Gott geschenkte Auszeichnung und Gnade, durch die andere Menschen auf den Gekreuzigten hingewiesen werden sollen.

Anna Katharina Emmerick schätze ich sehr, weil ich sie – neben anderen – für eine herausragende, in ihrem Wirken vorbildliche Persönlichkeit halte.

Wie habe ich sie schätzengelernt? Auf dem Weg meines Glaubens, der etwa folgender war: Immer spürte ich, daß ich nicht genug wußte, und ich wollte deshalb mehr lernen. So begann ich mit 32 Jahren (verheiratet, drei Kinder) nach einer schweren Krebserkrankung das Abendgymnasium zu besuchen und anschließend – vorwiegend abends – Germanistik, Kunstgeschichte und Philosophie zu studieren. In Auseinandersetzung mit der Frage, was mir diese Fächer für mein weiteres Leben geben könnten bzw. was ich ihnen geben könnte, gelangte ich plötzlich – mit 40 Jahren – beim Aufschlagen des Johannes-Prologs zu der Erkenntnis, daß die christliche Religion »wahr« sei. Das war ein sehr großer Einschnitt in meinem Leben; denn die Religion hatte mir vorher, selbst in schwerster Zeit, keinerlei Halt geben können. Die Philosophie des Augustinus und die Beschäftigung mit der mittelalterlichen Kunst verhalfen mir schnell zu der Einsicht, daß für mich kein Weg darum herumführe, katholisch zu werden. Die Konversion erfolgte, nachdem ich mit 43 Jahren meine kunstgeschichtliche Promotion geschafft hatte. Danach folgte mein Weiterstudium in Philosophie und kath. Theologie.

Ich lernte einen älteren, inzwischen verstorbenen Pfarrer kennen, der mich durch seine Spiritualität und sein Leben sehr überzeugte. Von ihm erhielt ich auch den ersten Hinweis auf Anna Katharina Emmerick. Doch die Fülle all dessen, was ich in der kath. Religion kennenlernte, ließ diesen Hinweis erst einmal in den Hintergrund treten.

Mit 50 Jahren erfolgte meine zweite Promotion im Hauptfach Philosophie. Danach kümmerte ich mich mit großem Interesse und weil ich merkte, daß mir immer noch etwas fehlte, um weitere religiöse Dinge. Ich erhielt von einem jungen Kaplan wiederum den Hinweis auf Anna Katharina Emmerick und fing an, in ihren (bzw. in den durch Brentano aufgezeichneten) Schriften zu lesen.

Seit der Zeit weiß ich, daß ich Anna Katharina Emmerick sehr verbunden bin, weil ich Wesentliches bei ihr gefunden habe: unbedingte Christus- und Kirchenliebe, vorbildliches Wirken in widrigsten Umständen, Durchhalten bei Krankheit, Demut bei Verspottung und im Leid. Meine Verehrung drückt sich so aus, daß ich sie einfach liebe. Schon mehrfach habe ich auch in kleinen Pfarrblattartikeln auf sie hingewiesen. Ich bin inzwischen 55 Jahre alt und gebe kath. Religionsunterricht an zwei Schulen. Auch dort versuche ich, den Schülern vorbildliche Menschen nahezubringen.

Für mich gehört Anna Katharina Emmerick als hochbegnadete Frau zu den besonders vorbildlichen Menschen der letzten ca.

zweihundert Jahre. Ich achte sie außerordentlich und halte sie für weitaus bedeutender als viele andere Menschen mit heute bekannten und berühmten Namen.

Ich verdanke Anna Katharina Emmerick (in meiner totalen Diasporasituation) auch Freundschaften und fürbittendes Gebet einiger katholischer Patres.

Anna Katharina Emmerick selbst hat mir – geistigerweise – vermutlich mehr geholfen, als ich es überhaupt ermessen kann. Eine Selig- und Heiligsprechung wäre aus meiner Sicht gerade in unserer heutigen verweltlichten Situation zum Wohle der Kirche und ihrer Glieder dringend wünschenswert. Wie vielen Menschen könnte sie dann Vorbild und Trost sein!

***

Tod und Auferstehung

Das am schwersten zu begreifende Fest der Christenheit ist für uns Menschen vermutlich Ostern. Welche Bedeutung hat dieses Fest?

In der heutigen Zeit ist das gewiß nicht mehr jedermann klar, es ist vielmehr weitgehend vergessen; und es klingt geradezu absonderlich, wenn einer sagt: »Jesus Christus ist Ostern von den Toten auferstanden! Und das hat für mich hier und jetzt, ja in meinem ganzen Leben, eine Bedeutung.«

»Von den Toten ist noch keiner wiedergekommen«, so hört man manchmal zu dem Thema. Aber dieser Einwand stimmt nicht. Drei Totenerweckungen gingen der Auferstehung Jesu voraus: Die Auferweckung des Jünglings von Nain, die Auferweckung des Töchterleins des Jairus und die Auferweckung des Lazarus.

In diesen drei Totenerweckungen liegt eine Steigerung: Die zuerst genannten Menschen, nämlich der junge Mann und das Mädchen, waren gerade erst vor kurzer Zeit gestorben, wobei der junge Mann allerdings schon zu Grabe getragen wurde. Die Leiche des Lazarus aber war schon in Verwesung übergegangen. Diese Totenerweckungen brachten Jesus den äußersten Haß der Pharisäer und Schriftgelehrten ein, führten entscheidend mit zu seinem eigenen Tod.

Doch welch ein Unterschied zwischen den auferweckten drei Menschen und dem auferstandenen Jesus Christus selbst! Die drei Genannten wurden zurück in ihr Leben gerufen, führten es in ähnlicher Beschaffenheit ihres Leibes wie früher fort.

Jesus aber erstand in ein ganz anderes, kaum faßbares Leben auf, und er erschien sehr vielen Menschen in dieser neuen Gestalt. Plötzlich konnte er an einem Ort sein, plötzlich konnte er woanders sein, plötzlich konnte er verschwunden sein. Er konnte sprechen, sich anfassen lassen, essen. Er hatte vollkommene Macht über seinen Körper. Schon vor seinem schmachvollen Tod hatte er diese Macht aufs deutlichste gezeigt, als er sich den drei auserwählten Jüngern Petrus, Jakobus und Johannes in strahlender Schönheit auf dem Berg Tabor gezeigt hatte.

Nach seiner Auferstehung blieb Jesus Christus eine ganze Zeit lang bei den Menschen, indem er ihnen immer wieder erschien – nun allerdings nur denjenigen, die ihn liebten. Sie alle mußten sich erst an diesen außergewöhnlichen Wandel seiner Gestalt gewöhnen.

An dem Tag, den wir bald nach Ostern als Himmelfahrtstag feiern, kehrte er dorthin zurück, wo er hergekommen war: als wahrer Gott vom wahren Gott in die Herrlichkeit der Majestas Dei, der Größe und Allmacht Gottes, die uns Menschen mit den verblendeten Augen unseres Herzens zumeist noch verschlossen und nicht gegenwärtig ist – obwohl sie in Wahrheit gegenwärtig ist.

Pfingsten wurde den Jüngern, seiner Mutter Maria und auch anderen anwesenden Frauen diese Herrlichkeit durch die Sendung des Heiligen Geistes bewußt. Dieser Tag wird als der Gründungstag der Kirche gefeiert. Die Menschen, die dabei waren, konnten nun nicht mehr anders: Sie mußten von Jesus Christus sprechen und seine Botschaft verkünden.

*

Auch heute noch ist das Christentum eine eminent geistige Sache, und die christliche Religion – wenn sie echt ist – ist die schwierigste, aber auch schönste Sache überhaupt.

***

Rezension: »Kreuzweg« von Gudrun Müsse Florin, mit Fotos von Jutta Brüdern

Verurteilung Christi

Aufnahme des Kreuzes

Erster Fall

Zweiter Fall

Dritter Fall

Kreuzigung

Grab

In meisterhaften Fotos hat Jutta Brüdern die 14 Stationen des Kreuzwegs von Gudrun Müsse Florin aufgenommen, die in den Jahren 1969–1971 für die katholische Kirche St. Antonius in Ransbach-Baumbach/Westerwald entstanden sind.

Diese Fotos sind ein wesentlicher Bestandteil des oben genannten Buches. Sie unterstreichen eindrucksvoll, was das Buch als ganzes zeigen will: sowohl in den von Gudrun Müsse Florin entworfenen und in Aluminiumguß ausgeführten Darstellungen des Leidens Christi, als auch in den dazu von Manfred Köhnlein angestellten Betrachtungen, als auch in den von Heinz Grosch verfaßten Gebeten.[1]

Was will das Buch zeigen? Sinnfällig wird das natürlicherweise besonders durch die Kreuzwegdarstellungen selbst.

In der üblichen Folge führen diese Darstellungen den Betrachter von der 1. zur 14. Station, also von der Verurteilung Jesu Christi über die verschiedenen Stationen seines Leidensweges bis hin zu seiner Grablegung. So sieht man, wie Jesus sein Kreuz auf sich nimmt, wie er dreimal während des Weges unter dem Kreuz zusammenbricht, man sieht seine Begegnungen mit den unterschiedlichsten Menschen auf diesem Weg, und man sieht seine Kreuzigung und Kreuzabnahme.

Wie gesagt, die übliche Folge, die sich in (fast) allen katholischen Kreuzwegdarstellungen findet und die auf franziskanische Überlieferung – oder vielleicht noch auf wesentlich Älteres[2] – zurückgeht, sich jedenfalls am tatsächlichen Leidensweg Christi

---

[1] Gudrun Müsse Florin (et al.) Kreuzweg, Plastiken, (Betrachtungen, Gebete, Fotos), Quell Verlag, Stuttgart 1991.
[2] Anna Katharina Emmerich, Das bittere Leiden unseres Herrn Jesu Christi, Aschaffenburg 5. Aufl. 1969, S.196 f.

in Jerusalem orientiert, wie er besonders im Lukas-Evangelium geschildert wird.

Diese seit langem tradierte Folge von Stationen war die Vorgabe für das Werk der Künstlerin. Sie wollte allerdings mit ihrem Kreuzweg etwas ganz anderes schaffen als die üblichen Kreuzwegdarstellungen sonst es sind. Warum und in welcher Hinsicht? Nun, dazu gibt Gudrun Müsse Florin selbst im Nachwort des Buches die aufschlußreichste Erklärung. Hören wir, was sie sagt, bevor wir uns näher den Stationen des Kreuzwegs und dem Buch im ganzen zuwenden.

»Mich mit dem Kreuzweg für die Baumbacher Kirche befassen zu dürfen, war gleichermaßen eine menschliche und eine künstlerische Herausforderung. Daß ich sie annehmen konnte, verdanke ich in hohem Maße Dekan Franz Born, der mich in offenem Dialog in immer größere künstlerische Freiheit entließ.«[3]

Diese künstlerische Freiheit ließ sie, »... ohne Klischeevorstellungen und feste Vorgaben ans Werk« ... gehen; brachte es mit sich, »... daß dies alles für die Gemeinde zu gewissen Irritationen führte – war doch mit einem traditionellen, szenischen Aufbau des Kreuzweges gerechnet worden.«

Der traditionelle, szenische Aufbau sowohl des Kreuzwegs im ganzen als auch der einzelnen Stationen ist in der Tat verlassen worden. Was wollte dieser szenische Aufbau eines Kreuzweges eigentlich erreichen, wie wir ihn besonders in der Barockzeit und in Anlehnung daran noch im nachfolgenden 19. Jahrhun-

---

[3] Gudrun Müsse Florin, (Nachwort:) Zur Entstehungsgeschichte des »Kreuzweges«. Weitere Zitate der Künstlerin ebda.

dert und auch noch in den ersten Jahrzehnten des 20. Jahrhunderts finden?

Das Motto der Barockzeit, aufs deutlichste durch die Jesuiten ausgesprochen, hieß:

> *Omnia ad maiorem Dei gloriam!*
> *Alles zur größeren Ehre Gottes!*

Sollten das nicht auch die Kreuzwegdarstellungen zeigen, die in gefälliger Weise – mit bunten Farben und goldverziert – hinweisen sollten auf die Macht und Herrlichkeit Gottes, die selbst durch die Schändlichkeit der Henkersknechte nicht angetastet werden konnte?

Sieht man aber noch etwas gründlicher zurück als nur bis in die Barockzeit, so muß man wohl anerkennen, daß die Stationen immer in erster Linie auch Gedächtnischarakter hatten: die Menschen sollten des Leidensweges Christi gedenken; sein Leiden sollte immer in ihrem Gedächtnis sein. So etwa in mittelalterlichen Darstellungen dieses Themas.

Und warum sollten die Gläubigen die Bilder des Leidens Jesu Christi im Gedächtnis haben? Um Jesus Christus als den Herrn anzuerkennen und ihm nachzufolgen in der Weise der Nachahmung; auf den entscheidenden Punkt gebracht: um zu tun, was er tat.

Der Kreuzweg von Gudrun Müsse Florin spricht in eindrucksvollen Zeichen und Metaphern. Er spricht in unserer Gegenwart, die den Erlebnischarakter jeglichen Ereignisses, auch den des Leidensweges Jesu Christi, in besonderer Weise hervorhebt.

Horizontaler und vertikaler Balken des Kreuzes werden als Sinnbilder gedeutet: »Der waagerechte versinnbildlicht unser Sein im Zeit-Räumlichen, das ›Fließen‹ der Zeit, und zeigt das Meßbare unseres Mensch-Seins: Alter, Gewicht, Blutdruck, Fieber usw. Diametral dazu steht aber der andere Balken, der vertikale. In ihm sehe ich das Nichtmeßbare, das niemals Meßbare des Mensch-Seins: Freude, Liebe, Hoffnung, Verzweiflung, Zuversicht und vieles mehr.« Bezogen darauf sagt die Künstlerin mit treffenden Worten unserer Zeit: »Unsagbar groß, eben unermeßlich, ist der Bereich inneren Erlebens.«

Wenn man schon, wie das hier in dieser Rezension versucht wird, den Unterschied eines so modernen Kreuzwegs von den herkömmlichen Darstellungen erfassen will, so muß man wohl auf die grundsätzlich verschiedene Absicht achten, die Kreuzwege jeweils entstehen lassen hat.

Die Künstlerin will den Betrachter dazu anleiten, sich in das Leiden Christi hineinzuversetzen, in es hineingezogen zu werden, es mitzuerleben. Christus wird dem »übermächtigen Kreuz« als »zarte menschliche Gestalt« gegenübergestellt. Das Kreuz erdrückt ihn fast, dringt oft weit aus der Bildebene hervor. Es richtet sich dadurch auf den Betrachter selbst zu, neigt sich zu ihm hin (so etwa bei den Stationen des dreimaligen Falles, besonders aber in Darstellung der 8. Station). »Dadurch wird«, so die Künstlerin, »der Betrachter immer mehr zum Beteiligten gemacht.«

*

Die lyrischen Betrachtungen von Manfred Köhnlein und die nachdenklichen Gebete von Heinz Grosch wollen dem Leser helfen, sich dem Leidensgeschehen zuzuwenden; sie begleiten die ausdrucksstarken Kreuzwegstationen mit Worten und Bitten. – Im ganzen: ein sehr ansprechend gestaltetes Buch zur Meditation für den modernen Menschen.

***

Zwecklose Briefe?

1. Brief:

An den Herrn
Bundesgesundheitsminister Horst Seehofer
und die Verantwortlichen im Gesundheitswesen

5300 B o n n

                          Salzgitter, 25. Juli 1992

Betrifft: Salzgitter-Zeitung, 20. 7.1992, Seite 1
       Steigende Krankheitskosten

Sehr geehrter Herr Bundesgesundheitsminister,
sehr geehrte Damen und Herren!

Die Kosten im Gesundheitswesen ließen sich meines Erachtens (und nicht nur *meines* Erachtens) auf folgende Weise reduzieren:

Dadurch, daß die Dinge und Angelegenheiten, die gar keine Krankheiten sind, nicht von den Krankenkassen-Pflichtversicherten übernommen werden müssen.

Wir alle wissen (*und das ist das Schlimme, daß wir es wissen!*), daß es da einiges gibt und nach der kürzlichen beschämenden und todbringenden Abstimmung des Bundestages vermutlich in verstärkter Weise weiterhin geben wird, was die »Krankenkosten« erhöht, was aber absolut nichts mit »Krankheiten« zu tun hat.

Um es kurz beim Namen zu nennen: Schaffen Sie die Zahlungen für »Verhütungspillen« und für die »Abtreibung« oder »Vernichtung des Lebens« von kleinen Kindern ab!

Ich hoffe, ich stehe nicht allein mit meinen Ermahnungen da, sondern daß viele denken, was ich soeben ausgesprochen habe.

Eine andere Sache ist, daß sich Operations- und Pflegekosten erhöhen, das weiß ich auch; und in dem Punkt akzeptiere ich auch höhere Beitragssätze.

Das andere aber, daß ich und andere sozusagen zwangsweise Begierden und Tötungen mit meinen bzw. unseren Beiträgen mitbezahlen müssen, ist eine Tatsache, die – und das meine ich jetzt auch wörtlich –: »zum Himmel SCHREIT«.

Für Ihre schwere Aufgabe gutes Gelingen!

W. M. N.

2. Brief:

Eilbrief

An die Verantwortlichen
des Bundesverfassungsgerichtes

7500 Karlsruhe

Salzgitter, 28. Juli 1992

Betrifft: *Abtreibungen*

Sehr verehrte Richterinnen und Richter des Bundesverfassungsgerichtes!

Nach der schwierigen Entscheidung unseres Bundestages zur Abtreibungsfrage und der Unterzeichnung des Gesetzes durch den Herrn Bundespräsidenten werden Sie nun um Ihr Urteil gebeten.

Ich kann und will in dieser Sache nicht schweigen, denn das ist unserem Volk in der Vergangenheit oft genug vorgeworfen worden. Deshalb meine Stellungnahme:

Schon in der frühen Antike wurde es als tiefes Unrechtsgeschehen empfunden, wenn jemand das Begehren hatte, Kinder nicht ans Licht der Welt kommen zu lassen. Dabei kam es nicht darauf an, ob dieser Jemand Macht und Ansehen hatte und Einfluß und Redegewalt besaß und ob andere vor ihm zitterten. Es wurde vielmehr als eine ungeheure Befreiung verstanden, von einer solchen Unrechts-Gewaltherrschaft, wie sie sich aufs deutlichste in der Vernichtung der *eigenen* Kinder zeigte, frei zu werden. Dieser Jemand war Uranos, der von Kronos, dem Vater des Zeus, wegen eben dieser Untaten überlistet und entmannt wurde, damit endlich Schluß mit diesem Unrecht an den *wehrlosen Kindern im Leib der Mutter* sei.

Heute, wo nach den Angriffen von Marx, Nietzsche und Heidegger auf das Christentum eben dieses Christentum, das das Abendland wesentlich geprägt hat, weitgehend in den von Nietzsche vorherverkündeten »Verlust aller ehemals gültigen Werte« eingeht, und in unserer nun durchgängig postmodern geprägten, pluralistischen Gesellschaft, in der alles und jedes gilt, sofern es nur medienwirksam den Menschen vorgesetzt wird, heute noch ein Wort aus christlicher Sicht zu dem Problem zu sagen, was kann das noch bringen? Geht doch der Trend weitestgehend auf Selbstverwirklichung, verbunden mit der dazu eventuell erforderlich werdenden Gewalt. (Man mag da wohl an Uranos aus der griechischen Mythologie zurückdenken.) Aber trotzdem ein Wort aus dem Christentum, gelegen oder ungelegen, das ein Licht auf das »Problem« Abtreibung werfen kann: *(Maria) ging in das Haus des Zacharias und begrüßte Elisabeth. Als Elisabeth den Gruß Marias hörte, hüpfte das Kind in ihrem Leib* (Anm.: über sechs Monate alt). *Da wurde Elisabeth vom Heiligen Geist erfüllt und rief mit lauter Stimme: Gesegnet bist du mehr als alle anderen Frauen und gesegnet ist die Frucht deines Leibes* (Anm.: kurz nach der Empfängnis!). *Wer bin ich, daß die Mutter meines Herrn zu mir kommt?* (Anm.: Wie gesagt, das Jesuskind war erst vor kurzer Zeit von Maria empfangen worden, da wurde dieses Kind schon als »Herr« – der Welt übrigens – angesprochen.) *In dem Augenblick, als ich deinen Gruß hörte, hüpfte das Kind vor Freude in meinem Leib.* (Luk. 1,40 – 44). Ich denke, in dieser Stelle des Neuen Testamentes ist klar ausgesagt, ab wann ein Mensch Mensch und nicht nur irgendwelches »Leben« ist.

Und was sagt die Moral der Neuzeit zu unserem Problem des So-oder-So-Entscheidens? Des Was-ist-richtig? Diese Moral sagt, und zwar auch klipp und klar, daß Unrecht Unrecht ist und niemals Recht sein und werden kann. Mit unserem großen Philosophen Kant gesprochen: Selbst der ärgste Bösewicht weiß, daß er etwas Böses tut, wenn er es tut. Nach der katastrophalen, beschämenden und todbringenden Bundestagsentscheidung muß man befürchten, daß heute weitgehend nicht mehr Recht und Unrecht auseinandergehalten werden können. Das Schlimme daran ist, daß ein frei gewähltes Parlament so entschieden hat. Aber wenn die Macht oder die Mehrzahl für das Unrecht plädiert, so wird daraus noch lange nicht Recht. Das hat sowohl die Antike – etwa in ihren Tragödien – als auch das Christentum als auch die Neuzeit gewußt. Und Nationalsozialismus und Kommunismus haben uns Fehlurteile aus Machtgier genug gezeigt, und es ist gut, daß wir verabscheuen, was da zum Teil geschehen ist. Stehen wir heute noch so sehr in dem Sog dieser Ereignisse, daß wir immer noch nicht wissen, was Recht und Unrecht ist? Wie wird die Nachwelt über uns einmal urteilen?

Ich bin Mutter von drei (verheirateten) Kindern und habe sieben Enkelkinder. Ich möchte Ihnen mit diesem Brief sagen, daß ich in tiefster Besorgnis wegen des ganzen Problemfelds Abtreibung bin, und möchte Ihnen eine gute und mutige Entscheidung für das wünschen, was Recht ist und bleibt.

Mit großer Hochachtung für Ihre schwere Aufgabe

W. M. N.

***

1942–1992.
Gedanken anläßlich des 50. Jubiläums meiner Heimatstadt Salzgitter und auch der Pfarrgemeinde St. Michael in Salzgitter, welche im Jahre 1983 ihren Kirchturm baute.

Vermessenheit

Nimrod war der erste Gewaltherrscher,
so berichtet das Alte Testament.
Er kann als ein Beispiel
für alle späteren Machthaber und Machtgebilde gelten.

Von vielen Menschen wurde Nimrod
als Held bewundert.
Seine Herrschaft ging von Babylon aus,
der mächtigen Stadt.
Vermutlich war er es,
der den Turm dort bauen ließ.
Bis in die Himmel sollte er reichen.

>»Auf, bauen wir uns
>eine Stadt
>und einen Turm
>mit einer Spitze bis in die Himmel –
>so machen wir uns einen Namen,
>damit wir uns nicht
>über das Antlitz der ganzen Erde
>zerstreuen!«

So plante der Gewaltherrscher,
und so planten die Menschen,

die ihn bewunderten.
Aber Gott zerstörte das frevelhafte Werk:

> »Der Herr zerstreute sie
> von dort aus
> über das Antlitz der ganzen Erde,
> und sie hörten auf,
> die Stadt zu erbauen.«

Wie Fremde zogen sie auseinander.
Sie verstanden sich nicht mehr.[1]

Und unsere Stadt Salzgitter?
Unter Gewaltherrschaft geplant und begonnen –
und welche Pläne waren das!
Einen Namen wollte man sich machen:
mit einer Stadt ohne Kirchen, ohne Gott.

> Wozu ihn noch achten?
> Was geht er uns an?
> Auf, bauen wir
> die Stadt zu unserer Ehre!
> Setzen wir uns selbst
> ein Denkmal!

Aber Gott hatte andere Pläne mit dieser Stadt.
Er vereitelte die eitlen Pläne der Menschen.
Türme wurden gebaut,
aber nicht als Zeichen der Gewaltherrschaft,
sondern als Zeichen der Liebe und des Friedens:
die Türme der Kirchen dieser Stadt.

---

1 Vgl. Genesis 10, 8 ff. u. 11, 1 ff.

Sie weisen auf die wirkliche Heimat des Menschen hin:
auf die Herrlichkeit Gottes.

> Alle Vermessenheit endet
> früher oder später,
> und wenn sie sich
> noch so machtvoll gebärdet.

Sie endet mit aller Sicherheit.
Darin liegt auch die Hoffnung für unsere Zeit.

***

Auszug aus:
Papsttum und Christentum aus der Sicht der Philosophie (mit Anhang Eucharistie): Die Situation des Christentums in der Moderne und in der Postmoderne

Schon das Aufschlagen einer beliebigen Tageszeitung oder ein Blick auf die verschiedensten Funk- und Fernsehprogramme lehrt, daß das gegenwärtige Christentum ohne wesentliche Bedeutung ist. Es hat, aufs Ganze gesehen, höchstens eine hier und dort interessierende, punktuelle Bedeutung, sei es für einzelne Personen, sei es für einzelne Gruppen. Es besitzt nicht mehr, wie in früheren Jahrhunderten unserer abendländischen Kultur, eine allgemein verbindliche Bedeutung, die das Leben eines jeden Menschen bestimmte und bis ins einzelne hinein prägte.

Das gegenwärtige Christentum, und damit auch das Papsttum, ist zur Randerscheinung der gesellschaftlichen Beziehungen geworden. Es irritiert in seinen Resten allerdings immer noch in dieser oder jener Weise das weltliche Denken und wird von ihm in verschiedenster Weise, meist in der Art der jedermann zugebilligten Meinungsäußerung, angegriffen.

Nun hat das Christentum Angriffe von außen immer zu ertragen gehabt, ist dadurch oft sogar gewachsen und hat sich im allgemeinen gerade durch die schlimmsten Angriffe am meisten ausgebreitet. Man denke da etwa an die frühe Märtyrerzeit. Genannt seien als beispielhaft Stephanus (Apg 7, 54 – 60 u. 22, 20), Jakobus d. Ä. (Apg. 12, 2), Petrus (Joh. 21, 18f.),[1] Andreas[2] und Paulus[3].

---

1 Lexikon für Theologie und Kirche (LThK), hrsg. v. J. Höfer u. K. Rahner, 10 Bde, Reg.-Bd. u. 3 Erg.-Bde., Freiburg/Br. 2. Aufl. 1957 ff.; Zitat VIII, Sp. 340.
2 Ebda., I, Sp. 512.
3 Ebda., VIII, Sp. 340.

Eine andere Sache ist es mit den Angriffen gegen das Christentum aus dem Innern der Kirche selbst. Da gilt es, die alte Erfahrung zu bedenken, daß die Feinde im Innern der Kirche gefährlicher sind als äußere Feinde. Als Exempel schlechthin sei auf den Stifter des Christentums hingewiesen, auf das Haupt der Kirche Jesus Christus, der durch die Angriffe gerade der Hohenpriester und Schriftgelehrten, also der bedeutendsten Vertreter der damaligen jüdischen Religionsgemeinschaft, und durch den Verrat des Judas Iskariot, der aus seinem engsten Jüngerkreis kam, den Tod zu erleiden hatte (Mk 14, 1 u. 10).

Wie ist es da heute mit den Angriffen innerhalb der Kirche? Das sei jedem zur eigenen Prüfung anheimgestellt. Da mag er die Prüfung in theologischen Büchern und Fachzeitschriften vornehmen oder in sonstiger religiöser Literatur oder in Kirchenzeitungen und Pfarrblättern.

Was allgemein den heutigen Menschen beherrscht, ist – wie gesagt – nicht das Christentum. Was herrscht, ist der Pluralismus der Meinungen. Ich glaube dies, und du glaubst das; ich meine dies, und du meinst das; ich tue dies, und du tust das. Das dabei Verbindende ist die Toleranz, die solange geübt wird, wie der andere mir mit seiner Meinung nicht wehe tut und mit seinem Tun nicht schadet. Tut er das, so habe ich dagegen anzugehen, indem ich meine Meinung und mein Tun mit den verschiedensten Argumenten rechtfertige und verfechte. Dies geschieht zwischen einzelnen Menschen ebenso wie zwischen Gruppen, Gesellschaftsverbänden, Parteien und Nationen – wobei sich die Argumente und Meinungen und Handlungsweisen ändern können wie die Moden: heute so und morgen so.

In den Pluralismus der Meinungen ist auch die römisch-katholische Kirche hineingezogen worden: zunächst als eine christliche Religion oder Religionsform neben anderen christlichen Religionsformen – es gäbe da, wie wir alle wissen, viele Namen zu nennen –, sodann als eine Religion oder Religionsform neben anderen mehr oder weniger verbreiteten nicht-christlichen Religionen und Religionsformen wie den sog. Hochreligionen Islam, Hinduismus, Buddhismus, Konfuzianismus, Taoismus, Judentum und den sog. Naturreligionen und sonstigen Gruppierungen jedweder Art, insbesondere mit gnostischem Einschlag.

Sie alle werden, ganz gemäß dem Pluralismus der Meinungen, heute als »Weltanschauungen« bezeichnet. Das heißt, es kommt auf die jeweilige Anschauung an, aus welcher eine Religion entstanden ist, und entsprechend auf die Anschauung, welche als die jeweils richtige zu gelten hat. Oder auch auf die Anschauung oder Meinung, daß gar keine Religion als die richtige angesehen werden könne. Das bedeutet dann schließlich, daß nihilistisch gedacht wird.

Die Meinung oder auch die verschiedenen Meinungen befinden darüber, daß die Religionen »Meinungssache« sind. Dabei steht das Urteil der Meinungen höher als die beurteilten Religionen selbst, denn die Meinungen – und allein sie – sind es, die die Religionen, vielleicht je nach ihrem »Entwicklungsstand«, beurteilen.

Besonders gefährlich wird die Sache, wenn die Meinungen mit der nötigen Gewalt gepaart und so gebündelt wirksam sind. Ein solches Machtgebilde kann seine jeweils vertretene Ansicht mit Entschiedenheit durchsetzen. Es kann eine Religion unterstützen, wie es z.B. in islamisch geprägten Ländern geschieht, oder es kann eine Religion oder auch verschiedene Religionsformen ausrotten, wie es z.B. in vielen Ländern des Ostens mit mehr oder weniger Erfolg geschehen ist. So sind, wie wir wissen, im östlichen Teil Deutschlands durch »staatlich verordneten Atheismus« etwa 80 Prozent der Kinder nicht mehr getauft. Wenn man auch nur eine Ahnung davon hat, was die Taufe für das Christentum einmal bedeutete und wie wesentlich sie ist, so mag man daraus seine Schlußfolgerungen ziehen.

Nun ist die heute weltweit verbreitete, verwirrende Weise pluralistischen Denkens durchaus nicht so undurchdringlich, wie es scheinen mag. Denn als ein Ganzes, das alles, aber auch alles durchdrungen hat, läßt sich dieses Denken auch in seinen Unterschieden erkennen. Dabei ist zunächst einmal der Unterschied zwischen der »Moderne« und der »Postmoderne« zu machen. Gerade in unserer Zeit, in der Postmoderne, hat der Pluralismus der Meinungen seine absolute Herrschaft angetreten.

Die vollständige Unterscheidung des modernen Denkens mit seinen wesentlichen Teilbereichen Geschichte, Welt und Sprache ist geleistet durch Boeder; nachlesbar in seinem 1988 erschienenen Buch »Das Vernunft-Gefüge der Moderne«.[4] Es zeigt sich durch diese Arbeit, daß sich das moderne Denken in Positionen unterscheiden und einteilen läßt, welche ihrerseits im einzelnen das Denken jeweils um einen Schritt weiter vorangetrieben haben. Im Gefüge des modernen Denkens bilden diese Positionen den Bereich der Wissenschaften und den Bereich des Erlebens aus sowie besonders auch den als »Kernbesinnung« bezeichneten Bereich der grundsätzlichen Erfahrungen und Überlegungen von Marx, Nietzsche und Heidegger. Dieses in sich gegliederte Denken als das vollständige »Vernunftgefüge der Moderne« hat die »Postmoderne« mit der

---

4 Heribert Boeder, Das Vernunft-Gefüge der Moderne, Freiburg/München 1988.

Zersplitterung der Ansichten und der zunehmenden Auflösung aller ehemals festen Wertvorstellungen im Gefolge: den allseits bekannten Pluralismus. Den Pluralismus in allen Schattierungen des Meinens und Tuns.

Diese pluralistisch ausgerichtete Postmoderne ist *unser* Standort, oder genauer gesagt: der *schwankende und schwammige, vermutliche grundlose Boden*, auf dem wir uns befinden.

Die Frage nach dem Papsttum ist auf diesem Boden eine Herausforderung ...

*

Es folgen sodann Erörterungen zu:

- Moderne und Post- bzw. Submoderne
- Petrus
- Papsttum und Christentum auf der Grundlage trinitarischen Denkens
- Papsttum und Christentum in Konfrontation mit dem neuzeitlichen Denken
- Die Kirche in der Verborgenheit

Anhang: Gedanken zum Eucharistieverständnis, besonders bei Augustinus.

***

Heiliges Jahr

»Im Anfang war das Wort,
und das Wort war bei Gott,
und das Wort war Gott.« (Joh. 1,1)

Im Anfang, vor aller Zeit,
vor dem Geschaffensein aller Dinge,
warst Du, das Wort, das Verbum, der Logos:
Christus.
Du warst bei Gott und Du bist Gott.
Weil Du der Logos Gottes bist, bist Du Gott.
Von gleicher Schönheit, Wahrheit, Vollkommenheit
wie der Vater.
Du, das geliebte Wort.

»Dieses war im Anfang bei Gott.« (Joh. 1,2)
In welchem Anfang?
In dem Anfang, in dem alles begründet ist:
»In principio«, im Princip.
Nicht nur in irgendeinem Beginn,
sondern im Princip, das immer ist.
Das immer da ist,
das immer Beistand ist:
Liebe.

Gott in Vollkommenheit:
Vater, Sohn und Heiliger Geist.
Jeder in sich vollkommen.
Zusammen vollkommen.
Gott der vollkommenen Liebe.

Liebe, die sich verschenkt:
Christus, das Wort des Vaters;
dem Vater gleich-ewig und gleich-artig.

Heiliger Geist,
Liebe des Vaters und des Sohnes:
aus beiden hervorgehend,
von beiden den Menschen geschenkt.
Gabe Gottes –
anbetungswürdiger Herr.

Über das »Wort« sagt Johannes:
»Alles ist durch es geworden,
und ohne das Wort wurde nichts,
was geworden ist.« (Joh. 1,3)
Was – alles?

Alles Geschaffene:
die Sterne, die Sonne, der Mond, die Erde,
die Pflanzen, die Tiere,
du und ich.
Mächte und Gewalten,
die Engel,
vor undenkbaren Zeiten ...
Nichts,
aber auch gar nichts
wurde und wird geschaffen,
was nicht durch ihn geschaffen wurde
und durch ihn geschaffen wird.
Nichts?
Nichts, aber auch gar nichts.

Wie soll man das verstehen?

»In ihm war das Leben.«
Das Leben?
»Und das Leben war das Licht
der Menschen.« (Joh. 1,4)
Das Licht?
»Und das Licht leuchtet in der Finsternis.«
Heute noch?
In welcher Finsternis?
»Und die Finsternis hat es nicht begriffen.« (Joh. 1,5)
Welche Finsternis! Heute noch.
Heiliges Jahr,
nach zweitausend Jahren.

»Herrlichkeit des einzigen Sohnes vom Vater,
voll Gnade und Wahrheit.« (Joh. 1,14)
Göttliches Wort,
Jesus Christus,
Du unsere einzige Rettung.

***

Ein vergessenes Bekenntnis

Die »klassischen« christlichen Bekenntnisse, genauer: die klassischen Glaubensbekenntnisse, sind das *Apostolische Glaubensbekenntnis* und das sog. *Große Glaubensbekenntnis* oder *Nizäno-Konstantinopolitanische Glaubensbekenntnis*. Das ältere von beiden ist das *Apostolische Glaubensbekenntnis,* von dem nicht sicher zu sagen ist, wie früh es entstanden ist. Das *Große Glaubensbekenntnis* ist 325 in Nizäa und 381 in Konstantinopel festgelegt worden, wobei eine kleine Ergänzung, den Heiligen Geist betreffend, bald darauf eingefügt worden sein dürfte.

Was erstaunlich ist, jedenfalls für uns heute, soweit wir uns überhaupt für so etwas interessieren, ist die Tatsache, daß es noch ein drittes, geradezu »klassisches« Glaubensbekenntnis gibt, oder heute besser gesagt: gab, das weit über tausend Jahre für wichtig und wert gehalten wurde, gesprochen oder gesungen zu werden[1] – vermutlich sogar fast ein und ein halbes Jahrtausend lang, und das ist nun wirklich erstaunlich!

Warum ist es ab 1954 nicht mehr in den Liturgischen Texten enthalten?[2]

— Ist es als sehr langes, ausführliches Bekenntnis zu anstrengend heute für uns, weil wir immer »so wenig Zeit« haben? Zu gestreßt sind? Uns auf einen längeren Text schlecht konzentrieren können?

---

1 H. Denzinger/P. Hünermann, Enchiridion symbolorum... / Kompendium der Glaubensbekenntnisse ..., Nr. 75–76: Pseudo-Athanasianisches Bekenntnis »Quicumque«, Freiburg i. Breisgau/Basel/Rom/Wien 38. aktual. Aufl. 1999, S. 50–52.
2 Ebda., S. 50.

Oder warum ist und wird es nach einer so langen Zeit fortgelassen?

- Vielleicht, weil es nicht in unsere pluralistische Zeit paßt?
- Weil es so eindeutig und klar ist, daß es, inhaltlich gesehen, keine Abweichung vom Inhalt zuläßt?
- Keine Mehrfach-Interpretation ermöglicht?
- Über- oder Unterbetonungen ausschließt?

Zum Überlegen möchte ich einiges daraus zitieren; denn schließlich geht es uns ja alle an, was wir denn für einen Gott haben, falls wir heute überhaupt noch einen haben.

Vorauszuschicken ist noch, daß es insgesamt von der Frühzeit des Christentums her sehr viele »Bekenntnisse« gibt, die meist aber nur eine partielle Bedeutung erlangt haben. Weiter ist noch vorauszuschicken, daß dieses Bekenntnis zu den wenigen Bekenntnissen gehört, die ein sogenanntes »zweiteiliges trinitarisch-christologisches Schema« aufweisen.[3] Das heißt, daß deren erster Teil sich auf Gott als Gott, also auf seine Wesenheit als Trinität bezieht; der zweite auf Jesus Christus als Gott-Mensch.

Das Bekenntnis wird heute in der Forschung allgemein nach dem Anfangswort: *Quicumque ...* genannt, das heißt übersetzt: »Wer auch immer ...«. Ich zitiere hier nach einer Übersetzung, die offensichtlich für den liturgischen Gebrauch vorgesehen war, weil ihr 1. eine Antiphon vorangestellt und nachgestellt ist, weil sie 2. durch Sternchen * für den Vortrag oder Gesang gegliedert ist und weil sie 3. in einer angenehm zu lesenden Sprache verfaßt ist[4]:

---

3 Ebda., S. VI.
4 Geborgen in Gott, Tag- und Nachtgebete, lt./dt., Adamas Verlag, Köln 5. Aufl. 1999, S. 20–27.

Antiphon
Ehre sei dir, wesensgleiche Dreifaltigkeit,
* eine Gottheit, vor aller Zeit, so auch jetzt und in Ewigkeit.

Quicumque
Wer da selig werden will,
* der muß vor allem den katholischen Glauben festhalten./
Wer diesen nicht in seinem ganzen Umfang und unverletzt bewahrt,
* der wird ohne Zweifel ewig verlorengehen./
Dies ist aber der katholische Glaube:
* Wir verehren den Einen Gott in der Dreifaltigkeit und die Dreifaltigkeit in der Einheit./
Ohne Vermengung der Personen
* und ohne Trennung der Wesenheit./
Eine andere nämlich ist die Person des Vaters, eine andere die des Sohnes,
* eine andere die des Heiligen Geistes./
Aber Vater und Sohn und Heiliger Geist haben nur Eine Gottheit,
* gleiche Herrlichkeit, gleich ewige Majestät./
Wie der Vater, so der Sohn,
* so der Heilige Geist./
Unerschaffen ist der Vater, unerschaffen der Sohn,
* unerschaffen der Heilige Geist./
Unermeßlich ist der Vater, unermeßlich der Sohn,
* unermeßlich der Heilige Geist./
Ewig ist der Vater, ewig der Sohn,
* ewig der Heilige Geist./
...
Der Vater ist von niemand gemacht,
* noch geschaffen, noch gezeugt./
Der Sohn ist vom Vater allein,

* nicht gemacht, noch geschaffen, sondern gezeugt./
Der Heilige Geist ist vom Vater und vom Sohn,
* nicht gemacht, noch geschaffen, noch gezeugt, sondern hervorgehend./
...
Und in dieser Dreieinigkeit ist nichts früher oder später, nichts größer oder kleiner,
* sondern alle drei Personen sind sich gleich ewig und gleich groß./
So daß in allem, wie bereits vorhin gesagt wurde,
* sowohl die Einheit in der Dreifaltigkeit als auch die Dreifaltigkeit in der Einheit zu verehren ist./
Wer daher selig werden will,
* muß dies von der Heiligsten Dreifaltigkeit glauben./

Aber zum ewigen Heil ist es ferner notwendig,
* treu auch an die Menschwerdung unseres Herrn Jesus Christus zu glauben./
Das ist nun der rechte Glaube: wir müssen glauben und bekennen,
* daß unser Herr Jesus Christus, der Sohn Gottes, Gott und Mensch ist./
Gott ist er aus der Wesenheit des Vaters von Ewigkeit gezeugt,
* und Mensch ist er aus der Wesenheit der Mutter in der Zeit geboren./
Vollkommener Gott, vollkommener Mensch,
* bestehend aus einer vernunftbegabten Seele und einem menschlichen Leibe./
Dem Vater gleich der Gottheit nach,
* geringer als der Vater der Menschheit nach./
Da er nun Gott ist und Mensch zugleich,
* so sind doch nicht zwei, sondern nur Einer ist Christus./
...

(Es folgen nun insbesondere noch die Inhalte des *Apostolischen Glaubensbekenntnisses.*)

Antiphon
Ehre sei dir, wesensgleiche Dreifaltigkeit,
* eine Gottheit, vor aller Zeit, so auch jetzt und in Ewigkeit.
Amen.

***

Hinweise zu den einzelnen Texten

1. Zum Weg meines Glaubens

Dieser kleine Artikel ist ohne Namensnennung abgedruckt im Pfarrheft der Pfarrgemeinde St. Michael, Salzgitter: Die gute Nachricht 2/1987, S. 15 f.

2. Auszug aus:
Studien zu den Bildfeldern der Bronzetür
von San Zeno in Verona,
mit Fotos von Jutta Brüdern

Die Fotos und Textabschnitte sind (mit geringen Erweiterungen) meiner kunstgeschichtlichen Dissertation des in der Überschrift genannten Titels entnommen, Haag + Herchen Verlag, Frankfurt/M. 1979, S. 26 ff. – Inzwischen ist die Tür wegen zunehmender Schäden der Bronzetafeln restauriert worden. Die Fotos zeigen den Zustand vor der Restauration.

3. Auszug aus:
Die Stellung des Gottesbeweises in Augustins
De libero arbitrio

De libero arbitrio heißt deutsch: *Über die freie Willensentscheidung*. – Meine philosophische Dissertation ist unter dem in der Überschrift genannten Titel erschienen im Georg Olms Verlag, Hildesheim/Zürich/New York 1986.

4. »Falsche Wundersucht« (Kritik)

Es handelt sich um einen Artikel, der zur Vervielfältigung für Pfarrbriefe vorgesehen ist, Veröffentlichung unter der Serienüberschrift »Im Zweifelsfall«, Verfasser anonym. – Ich habe meine Kritik an das betreffende größere Pfarramt geschickt, mit der Bitte um eventuelle Weiterleitung an den Verfasser. – Ein Gespräch über die Angelegenheit war nicht möglich.

5. Von der Liebe zum Christkind und zu seiner Mutter

Abgedruckt im Pfarrheft der Pfarrgemeinde St. Michael, Salzgitter: Die gute Nachricht 4/1987, S. 2–4; sodann veröffentlicht in: Hans-Alfred Herchen (Hrsg.), D*ie Farben des Herzens*, Weihnachts-Anthologie 2000, Haag + Herchen Verlag, Frankfurt/M. 2000, S. 182 – 185.

6. Veronika – eine Frau, die Jesus auf dem Kreuzweg begegnete

Abgedruckt im Pfarrheft der Pfarrgemeinde St. Michael, Salzgitter: Die gute Nachricht 1/1988, S. 8–13; sodann veröffentlicht in: Hans-Alfred Herchen (Hrsg.), *Einander zugewandt*, Oster-Anthologie 1997, Haag + Herchen Verlag, Frankfurt/M. 1997, S. 202 – 206.

7. Meditationen zur Kirche St. Michael, Salzgitter

Entnommen aus: Pfr. Johannes Chmielus (Hrsg.), St. Michael, Gedanken, Meditationen, Erinnerungen, Gebete, Salzgitter 1988.

8. Maria, mit dem Kinde lieb, uns allen deinen Segen gib!

Artikel abgedruckt in: Die Pfarrfamilie, Mitteilungen verschiedener Pfarreien Salzgitters, Nr. 4/ Mai 1990, S. 1.

9. Beitrag zu Anna Katharina Emmerick

Der Beitrag wurde 1990 geschrieben. Er wurde acht Jahre später, ohne Namensnennung, abgedruckt in: Emmerickblätter, Mitteilungen des Emmerick-Bundes e. V., Dülmen, Nr. 37/Sept. 1998, S. 25 f. – Meine Lebensumstände haben sich inzwischen erheblich verändert, meine Verehrung Anna Katharinas ist geblieben.

10. Tod und Auferstehung

Der Text erschien zuerst am 4. Mai 1991 in der Salzgitter-Zeitung, S. 26, und wurde sodann veröffentlicht in: Hans-Alfred Herchen (Hrsg.), *Einander zugewandt*, Oster-Anthologie 1997, Haag + Herchen Verlag, Frankfurt/M., S. 207 f.

11. Rezension: »Kreuzweg« von Gudrun Müsse Florin, mit Fotos von Jutta Brüdern

Die bisher unveröffentlichte Rezension bezieht sich vor allem auf die Abbildungen, weniger auf den Text des Buches. Gudrun Müsse Florin, Manfred Köhnlein und Heinz Grosch, Kreuzweg, Quell Verlag, Stuttgart 1991.

12. Zwecklose Briefe?

Es handelt sich bei den beiden Briefen um zwar abgeschickte, aber bisher nicht veröffentlichte Briefe. Sie blieben, wie zu erwarten, ohne Antwort.

13. Vermessenheit

Der Text ist zuerst abgedruckt in: Pfarrgemeinderat St. Michael (Hrsg.), 50 Jahre Salzgitter, 50 Jahre St. Michael, Salzgitter 1992, S. 27 f.; er wird demnächst veröffentlicht in: Hans-Alfred Herchen (Hrsg.), *Die Unendlichkeit der Gedanken*, Jubiläums-Anthologie zum 25jährigen Bestehens des Verlages Haag + Herchen, Frankfurt/M. 2001.

14. Auszug aus:
Papsttum und Christentum aus der Sicht der Philosophie (mit Anhang Eucharistie): Die Situation des Christentums in der Moderne und Postmoderne

Entnommen aus meiner Schrift: *Papsttum und Christentum aus der Sicht der Philosophie* (mit Anhang Eucharistie), Maximilian Kolbe Verlag, Langen/Hessen 2. Aufl.1995 (jetzt SJM – Kolbe Verlag, 67149 Meckenheim), S.1–5. Der hier wiedergegebene Auszug soll zugleich mit dem unter Nr. 13 genannten Text in der dort näher bezeichneten Jubiläums-Anthologie erscheinen.

15. Heiliges Jahr

Die Gedanken sind erstmals veröffentlicht in: Hans-Alfred Herchen (Hrsg.), *Die Farben des Herzens*, Weihnachts-Anthologie 2000, Haag + Herchen Verlag, Frankfurt/M. 2000, S. 186–188.

16. Ein vergessenes Bekenntnis

Auf dieses Bekenntnis stieß ich bei meiner Beschäftigung mit Augustins *De Trinitate*. Meine Bemerkungen dazu sind bisher unveröffentlicht. – Auf die Trinitätsverhältnisse als solche gehe ich näher ein in meiner voraussichtlich noch in diesem Jahr erscheinenden Aufsatzsammlung: *Philosophie und Trinität, Erörterungen*, Georg Olms Verlag, Hildesheim/Zürich/NewYork 2001.

* * *

Für eine eventuell erforderliche Abdruckerlaubnis sei den in Frage kommenden Personen bzw. Verlagen vielmals gedankt.

Dank auch für jede Mithilfe bei der Gestaltung dieser kleinen Textsammlung; insbesondere auch herzlichsten Dank der mir befreundeten Fotografin Frau Jutta Brüdern für die Bereitstellung der notwendigen Abbildungen!

Waltraud Maria Neumann

Hinweise auf Veröffentlichungen

Waltraud Maria Neumann, geb. 1935, wohnhaft in Salzgitter; Promotion in Kunstgeschichte (1978) und Philosophie (1985); seit 1993 Dozentin an der Gustav-Siewerth-Akademie, Weilheim-Bierbronnen.

a) **Kunstgeschichte**

1. Waltraud Neumann, »Die Hamersiebener Seligpreisungskapitelle und ihre Magdeburger Abstammung«, in: *Niedersächsische Beiträge zur Kunstgeschichte*, hrsg. v. Hans Werner Grohn, Bd. 17, Deutscher Kunstverlag, München/Berlin 1978, S. 9–24.

2. *Studien zu den Bildfeldern der Bronzetür von San Zeno in Verona* (Diss.), Haag + Herchen Verlag, Frankfurt/M. 1979.

b) **Philosophie**

1. Waltraud Maria Neumann, *Die Stellung des Gottesbeweises in Augustins ›De libero arbitrio‹* (Diss.), Georg Olms Verlag, Hildesheim/Zürich/New York 1986.

2. *Papsttum und Christentum aus der Sicht der Philosophie*, Maximilian Kolbe Verlag, Langen/Hessen 1992. Als 2. erw. Aufl. (mit Anhang: Gedanken zum Eucharistieverständnis, besonders bei Augustinus), ebda. 1995 (jetzt: SJM-Kolbe Verlag 67149 Meckenheim).

3. Kleinere Texte in Anthologien des Haag + Herchen Verlages, Frankfurt/M. seit 1996.

4. „Maria und das fleischgewordene Wort Gottes aus der Sicht der Philosophie«, in: *Im Ringen um die Wahrheit*, Festschrift der Gustav-Siewerth-Akademie zum 70. Geburtstag ihrer Gründerin und Leiterin Prof. Dr. Alma von Stockhausen, hrsg. v. Remigius Bäumer, J. Hans Benirschke, Tadeusz Guz, Verlag Gustav-Siewerth-Akademie, Weilheim-Bierbronnen 1997, S. 283 – 301.

5. »Die Herrlichkeit Gottes, insbesondere in der Philosophie Augustins, für Prof. Dr. Heribert Boeder zum 70. Geburtstag«, in: *Zur Gottesfrage bei Augustinus, Thomas von Aquin und Hegel*, Heft 9 der Heftreihe der Gustav-Siewerth-Akademie, Weilheim-Bierbronnen 2000, S. 5 – 20.

6. *Philosophie und Trinität. Erörterungen.* Titel befindet sich in Vorbereitung im Georg Olms Verlag, Hildesheim/Zürich/New York 2001.

7. *Der Gottesbegriff bei Augustinus: Die Trinität ist Gott.* – Der Vortrag wurde während des Theologischen Sommerkurses 2000 an der Gustav-Siewerth-Akademie, Weilheim-Bierbronnen, gehalten und ist als 2. Version des Themas ebendort zur Veröffentlichung vorgesehen.